キャリア形成と
コミュニケーションスキル

中里 弘穂 著

三恵社

はじめに

　企業が新規学卒者の採用にあたり一番求めるものが「コミュニケーション能力」であるという。日本経済団体連合会が、会員企業を対象に実施しているアンケート調査において、「採用時に重視すること」という項目に対する回答では、「コミュニケーション能力」が10年連続で第1位となっている。2013年の調査では、同会の86.6％の会員企業が「コミュニケーション能力」と回答し（複数回答）、その割合は前年に比べ4％も増加している。「コミュニケーション能力」を求めるとの回答率が高いということは、裏返せば、コミュニケーションが取れない若手社員が増加しているということではないか。

　「企業が求めるコミュニケーション能力とは、どのようなものなのか。」「コミュニケーション能力の保持を、採用試験の場でどのようにして判断するのか。」本書は、この疑問に筆者なりの考え方で応えることを目的としている。組織の中で仕事を進める上で、また顧客や取引先との対応において、コミュニケーション能力は必須であると言われる。これから就職活動に臨む学生は、職場で求められるコミュニケーション能力がどのようなものか理解できているのか、就職活動の様子から見るとはなはだ疑問である。同様に、上司や先輩からも、若手社員に対してコミュニケーション能力の不足を訴える声が多い。

　一方で、景気回復の兆しの影響かここ数年新規学卒者の就職内定率は向上してきているが、3年以内の早期離職率は高止まりしたままの現状がある。大学卒の場合、約3割が3年以内に初職を離職していると報告されており、離職理由として、職場のストレスを原因に上げる若者も多い。離職する若者は、コミュニケーション能力が十分育成されていないために、仕事を進める上で周囲との連携がうまくできず、職場の人間関係を良好に保つことができなかったのではないかと心配になる。筆者が実施した企業の若手社員を対象としたアンケート調査では、現在は就業を継続しているがこれまでに職場を辞めたいと考え

たことのある若手社員は約4割おり、その多くが上司や先輩に相談し離職を回避できたと回答している（第1部、第2章参照）。早期離職者の場合、職業能力が十分に形成されていないため、その後の転職において非正規雇用者になる場合が多いことも報告されており、いろいろな理由があるにせよ、できれば早期の離職は回避してほしい。

　本書は、コミュニケーション能力の育成がキャリア形成に大きな役割を果たすとの前提に立ち、学生が職業・職場を選択する上で考えてほしいこと、職場に入った若手社員が仕事をする上で必要なコミュニケーションや考え方、コミュニケーションスキルの必要性について述べたものである。コミュニケーションについては、社会心理学の分野で研究の蓄積があるが、残念ながら社会心理学の分野は、専門外である。あくまでも職場で仕事を進める上での、職業キャリアの形成を構築する過程で必要となる、コミュニケーション能力の考え方を述べたものとご理解いただきたい。

　本書は、3部で構成されている。テキストとしての使用も考慮し、各章の終りにワークシートを配し章の内容につき考え実践できるようにした。

　第1部は、「キャリア形成に向けて」として、これから職業キャリアの形成へ踏み出す学生に対しキャリア形成の必要性や働く目的の理解、就職活動に進む準備段階としてのインターンシップの役割や企業研究の考え方をわかりやすく解説した。初職の選択に対し、満足度の高い学生のほうが離職割合は低下する。その意味において学生が職場や企業を「選ぶ力」をつけることは重要である。更に、キャリア形成の方向が決まっても「選ばれる力」がなければ、自分の思いは達成できない。採用に当たりコミュニケーション能力を求めるという企業は、提出されたエントリーシートや採用面接に対する学生の対応を、どのような観点からコミュニケーション能力の有無に結びつけ判定、選択するのか考察した。学生のみならず就職支援や進路指導のご担当者にもお読みいただきたい。

　第2部は、「キャリア形成とコミュニケーションスキル」として、2013年、

14 年に開催した福井県立大学公開講座「若手社員の仕事能力向上講座」の内容に基づき、仕事能力と職場で求められるコミュニケーション能力についてまとめたものである。紙上公開講座のような形で執筆した。新入社員や若手社員が仕事を遂行する上で、どのように周囲とコミュニケーションを取る必要があるのか、各種のケースを例示して解説した。仕事の基本的な進め方、組織の中での仕事、上司や顧客との良好なコミュニケーションの取り方、苦情対応、今後のキャリア形成の考え方について、述べている。職場で求められるコミュニケーション能力を知るという意味において、就職前の学生にも役立つ内容となっている。

　第 3 部は、「コミュニケーションスキル」として、若手社員が職場で仕事を進めるときに必要なビジネスマナーを、相手とのコミュニケーションを取る機会という観点から解説したものである。ビジネスマナーの認識不足や敬語力の低下は、学生のみならず職場でも往々に見聞きする。身だしなみも相手に与える印象という意味では、重要なコミュニケーションツールになる。言葉によるコミュニケーション、文書によるコミュニケーションとして、電話応対やビジネス文書の作成も若い時代に身に付けておくと，仕事がスムーズに運ぶであろう。第 3 部では、身だしなみ、言葉遣いはもとより電話応対、メール文書、社外文書の作成、来客応対や訪問のマナーなどビジネスマナーの基本を、例示を多く取り入れ解説してあり、新入社員はもとより就職活動にも役立つ内容になっている。

　本書の読者としては、主としてこれから就職を考える高校生、大学生、および高校生・大学生の進路指導・キャリア形成を支援する教職員の皆様、並びに企業・団体で仕事をしている新入社員や入社年次がまだ浅い若手社員を想定している。もちろん、保護者の方や企業の経営者、管理職の方にもぜひお読みいただきたい。各大学や地域には、就職支援部署、キャリアセンター、ジョブカフェが配置され、キャリアカウンセラーの資格保有者が様々な形で就職支援をしている。企業のご採用担当者のお話をお聴きすると、ワンパターンであった

り、形式的な応募書類の記載や面接の受け答えも多く、失礼ながら一部には合格支援になり、書類作成支援に力点が置かれているとも聞く。就職活動においても、職場においても必要なことは、相手が求めているものを理解し、探し、相手が受け取りやすいようにいかに伝えられるかであろう。

　残念ながら、筆者自身が十分なコミュニケーション能力を備えているかと問われた場合、自信はない。しかしながら、仕事をしていく中で多くの人から教えを受け、協力を仰ぎ、支えていただき何とかやってこられたという実感だけを持っている。その幾分かを伝えられればと願っている。本書の作成に当たり、様々な方にご協力いただき、ご指導を賜った。この場をお借りしてお礼申し上げたい。本書をお読みくださった方にとり、何か一言でもお役にたつことがあれば幸いである。

2014 年 12 月

中　里　弘　穂

キャリア形成とコミュニケーションスキル　■もくじ

003 ｜ はじめに

第1部
キャリア形成へ向けて

010 ｜ 第1章　キャリア形成の必要性
017 ｜ 第2章　働く目的と自己成長
025 ｜ 第3章　コミュニケーションスキルの必要性
031 ｜ 第4章　インターンシップの役割と効果
039 ｜ 第5章　企業研究と適職の探し方
047 ｜ 第6章　エントリーシートの作成とコミュニケーション能力
053 ｜ 第7章　採用面接で求められるコミュニケーション能力

第2部
キャリア形成とコミュニケーションスキル

062 ｜ 第1章　仕事の基本と効率的な進め方
070 ｜ 第2章　組織の中での仕事とコミュニケーション
077 ｜ 第3章　上司・先輩との良好な関係づくり
084 ｜ 第4章　顧客とのコミュニケーション
090 ｜ 第5章　会議・ミーティングへの参加と進行
095 ｜ 第6章　苦情対応と謝罪
102 ｜ 第7章　リーダーシップの発揮と主体的なキャリア形成

第3部
コミュニケーションスキル 実践編

110	Skill 1	身だしなみと相手に与える印象
114	Skill 2	挨拶とお辞儀のポイント
119	Skill 3	敬語とビジネス会話
124	Skill 4	自己紹介と自己PR
128	Skill 5	電話応対のマナー
134	Skill 6	社外文書の作成のポイント
140	Skill 7	報告のポイントと報告書の作成
146	Skill 8	メールの活用とメール文書の作成
150	Skill 9	来客応対のマナー
156	Skill 10	訪問のマナーと商談の進め方

162 | おわりに

第1部 キャリア形成へ向けて

第1章 — キャリア形成の必要性

　2013年ごろより高校生・大学生ともに、新規学卒者の就職状況が回復してきている。各都道府県の有効求人倍率も上昇が見られ[1]、一部では新規学卒者の採用は就職氷河期から売り手市場に変化してきたとも報じられている。しかしながら非正規雇用者としての就業を余儀なくされている若年労働者は依然として多く、就職率が改善しても若者が就職後3年以内に離職する、早期離職率は高止まりしたままである。

　若者の将来を見通せば、20年先、30年先も今の売り手市場とも言われる雇用環境が持続するとは考えにくい。そうであれば目先の就職状況に囚われることなく、しっかりと自分の将来に目を向け考えることが必要ではないであろうか。本章ではキャリアとは何かを考えることから始め、キャリア形成の必要性を述べていく。

1.「キャリア形成」とは何か

　そもそも「キャリア形成」とは何なのか、なぜキャリア形成を考える必要があるのかをまず確認していきたい。キャリアとは車の轍を語源とする言葉であると言われている。文部科学省はキャリアについて、「個々人が生涯にわたって遂行する様々な役割の連鎖及びその過程における自己と働くことの関係づけや価値づけの累積」と定義[2]している。自分が辿ってきた道筋であり、将来へ続く道であると考えられ、人生そのものである「ライフキャリア[3]」とその中で中心的な役割を果たす「職業キャリア」に分けられる。キャリア形成という場合、主に職業キャリアに関して使われ「自分の仕事の経歴を作っていくこと」と考えられる。若者の多くは高校・大学を卒業後、企業や団体に就職し仕事の

経験を重ねていく。その過程において様々な経験をし、多様な人と出会い、能力を身に付ける。それらがキャリア、自分の足跡を形成していくと考えると分かりやすい。

　当然のことながらキャリア形成は、労働・仕事を左右するばかりでなく、人生をも大きく左右することになる。例えばどのような仕事を選ぶか、どのような働き方を選ぶかにより、生活水準が大きく変わるだけでなく、出会う人々、暮らす地域や家族が変化することもある。

　20代から60代にかけて多くの時間を費やす仕事と環境は自分の価値観にも影響を与え、リタイヤした後の生活も左右するであろう。そこで若い時期に、自分のキャリアをどのように形成するのか、その方向性を考えることが必要になってくる。

2．日本型雇用と従来のキャリア形成

　日本において従来のキャリア形成は、企業等に就職した場合主として組織の中で育成されていた。多くの学生は卒業と同時に就職し、長期雇用が約束される中で、計画的な教育研修やローテーションと呼ばれる配置転換により多部署、多職種を経験し能力を向上させていく。賃金は年功序列により上昇し、定年退職を迎える。福利厚生が充実しており生活設計が立てやすかった。これらは日本型雇用の特徴と言われているものであり、社員のキャリア形成は企業にゆだねられていたと言ってもよいであろう。バブル崩壊以降、経済の低迷もありこの仕組みが必ずしも維持されなくなってきた。

　総務省統計局発表の2013年労働力調査によれば、正規の雇用者は前年より38万人減少しているが、非正規雇用者[4]は93万人増加している。15～24歳の非正規雇用者の割合は1993年には11.5%に過ぎないが2013年には32.3%と大幅に増加している。厚生労働省の調査[5]によれば、求人倍率は上昇しているものの新規学卒者の場合、早期に離職してしまう若者は多く、就職後3年以内の離職者は高校卒で39.2%、大学等卒で31.0%に上る（平成

第1部｜キャリア形成へ向けて　011

図1-1　大学卒業者の進路

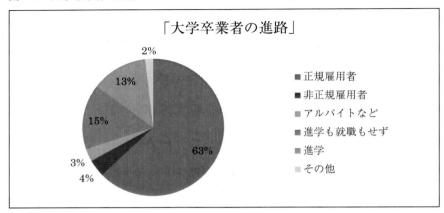

出所：文部科学省「学校基本調査」(2013年度) より筆者作成

22年3月卒業者)。それぞれ前年より3.5ポイント、2.2ポイント増加しており問題視されている。その上、早期離職者の多くが非正規雇用者として再就職することが多いと報告されている（小杉・原：2011）。このような状況から、これまで保障されてきた長期雇用や企業内における必要技能の養成は、必ずしも期待できないであろう。雇用環境の変化は若者により多くの影響を与え、これらのことから少なくとも若者において、大多数が卒業後正規雇用者として安定した職を得て、定年退職まで職業キャリアを形成するというレールが就職先で用意されているとは、言い難い状況が生じてきている。

3. 自分のキャリア形成を考える

　このような状況にこれから就職を考える若者や、企業で働き始めた若手社員はどのように対処すればよいのであろうか。わからないなりに10年後、20年後、30年後の働き方や生活をイメージすることをお勧めしたい。例えば20年後に、海外で駐在員として日本とその国の経済的な橋渡しをするような仕事がしたいと考える。そのためには語学力が必要であり、国際情勢についての理解も必要である。時差を超えた仕事をこなす体力と折衝力、何よりもどのよう

な業種の企業が海外に進出しているのかを調べ、就職先を選択し採用される必要がある。このように考えると自分のやるべきことが見えてくる。すでに就職しているならば、今の職場でどのような職務能力や経験を積めば、海外勤務が可能になるのかを考え、どのようにすれば自分の力を認めてもらえるのかを考えてみるとよい。

　将来地元に戻り、政治家になって地域の暮らしをよくしたいとの夢を持つ場合はどうであろう。無理だ、無謀だと考える前に、政治家について調べ、何歳ぐらいにそのような政治家になるのか考えてはどうであろうか。地域の暮らしをどのように改善したいのか。そのことを実現するためにはどのような道があるか考えてはどうであろう。考える過程で、政治家以外の道も見えてくる。45歳で庭付き一戸建ての家に住むというような生活のイメージでもよい。その家はどのくらいの価格になるのか、どこに建てるのか、その時の家族は、ローンの返済は金利を考えると毎月どのくらいになるか。このように考えることで、住宅の価格や金利に関心を持ち、世帯所得の推移や可処分所得にも関心を持つであろう。20年後30年後のイメージは、必ずしもそのまま実現できるわけではないが、考え準備することは自分の力となり、将来へ続く道筋をしっかりとしたものにしていく。

　その1歩を踏み出す仕事の選び方の例としては

①　年功序列的制度が比較的大きい企業・組織で定年まで働く。

②　専門性の求められる職務にこだわった働き方をし、専門性を磨く。

③　自分のこだわりを生かし、将来の起業も視野に入れた働き方をする。

などが考えられる。勿論他にも選択肢はある。女性の場合も、結婚後は専業主婦となり男性が主たる稼ぎ手である生活は、教育費や住宅ローンの負担を考えると難しそうである。また、高学歴の女性が増加し、責任ある仕事で身に付けた職務能力を育児や家事で中断するのは企業にとっても個人にとっても損失となる。これからはますます、男性も女性も家庭生活との両立を考えた働き方が不可欠になってくるであろう。

第1部｜キャリア形成へ向けて　013

そのような状況においては、高校や大学を卒業して就く初職の選択が重要になる。初職の選択の重要性については東京大学大学院の佐藤博樹が、最初に就いた職での経験がその後のキャリア形成に大きな影響を与えると様々なデータを基に分析している（佐藤：2010）。職場では職務を遂行し組織の中での役割を担い、企業や社会に貢献するための様々な能力が育成される。上司や先輩、顧客との出会いにより、単に仕事の面だけでなく社会人としての常識や行動規範も身に付けることができる。

3．キャリア形成と仕事の位置づけ

　キャリアを形成するうえで、仕事はどのように位置づけられるのか。大手企業での人事・採用経験が長い中澤は仕事の位置づけを「しごと壁」「しごと穴」という言葉で説明しており、わかりやすい。私たちは「仕事」という言葉をよく口にするが、そこに二つの使い方があるという。一つは「仕事そのもの」を指すときの使い方で、もう一つは「仕事を通じて」という意味合いで使うときの使い方である。仕事を指示された仕事そのもの、やらなければならない、つらく大変なものと受け止めることが、「しごと壁」の考え方であり、「仕事を通じて」何かを得た、「仕事を通して」何かを学んだ、これが「しごと穴」の考え方である（中澤：2011）。

　筆者が体験した職場でのやり取りの例を示そう。会社案内の作成を命じられ上司に原稿案を提出した部下の社員が、上司から「君はどのような目的で会社案内を作成したのか」と尋ねられた。この言葉から推測できることは、上司の意図がその原稿案には十分に反映されていないという状況である。「作れと言われたから作成しただけです。」と部下は答えた。この部下の考え方が「しごと壁」に該当し、例えば収入を得るための仕事の遂行になり、指示されたことだけを行う仕事であり多くの成長は望めない。

　神戸大学大学院の金井壽宏は職業キャリアについて、「成人になってフルタイムで働き始めて以降、生活ないし人生全体を基盤にして繰り広げられる長期

的な仕事生活における具体的な職務・職種・職能での諸経験の連続と節目での選択が生み出していく階層的意味付けと将来構想・展望のパターン」と定義している。キャリアをたどった足跡と考えるならば、仕事を継続することにより足跡は形成される。様々な経験が生み出す階層的な意味づけを考えた場合、仕事を通しての成長や仕事を通じての社会貢献、これらがキャリア形成には重要な意味を持つであろう。

　どのようにキャリア形成をスタートさせるのかについては、次章から述べていく。

■参考文献
・金井壽宏著『働く人のためのキャリア・デザイン』2002 年　PHP研究所（PHP新書）
・小杉玲子・原ひろみ著『非正規雇用のキャリア形成』2011 年　勁草書房
・佐藤博樹・佐野嘉秀・堀田聡子著『実証研究日本の人材ビジネス』2010 年　日本経済新聞社
・中澤二朗著『「働くこと」を企業と大人にたずねたい』2011 年　東洋経済新報社

■注
1　平成 26 年 10 月の全国有効求人倍率は、1.01 倍である。これは平成 25 年度の 0.97 倍、24 年度の 0.82 倍より上昇している。
2　文部科学省「キャリア教育の推進に関する総合的調査研究協力者会議報告書」（2004 年）による。
3　スーパー（Super）の「キャリアとは、生涯過程を通してある人によって演じられる初役割の組み合わせと連続」に対応している。
4　非正規雇用者（非正規雇用労働者）とは、勤務先での呼称が「パート」「アルバイト」「派遣社員」「契約社員」「嘱託」「その他」であるものを言う。
5　厚生労働省発表「労働市場分析レポート」2013,10,29 による。

第 1 部｜キャリア形成へ向けて　015

ワークシート 1-1

■ 20 年後あなたは、どのような生活・働き方をしていたいですか。

ワークシート 1-2

■あなたが大切にしたいもの、必要なものを 10 個書き出しましょう。

第2章 働く目的と自己成長

　学校・大学から職場へ、初職の選択に際し自分にとって働くことの意味や意義を明確にすることが必要となる。雇用環境が変化し、若者の周囲には多様な働き方が存在している。豊かな時代に育った若者に、一昔前のような「働くことは当たり前」「食べていく為には文句を言わず働く」といった考え方は通用しにくいであろう。その一方で就職活動の時期には、就職支援企業が「自己分析・自己理解」「適職」といったことを盛んにアピールすることも、却って学生を迷わせているようにも思える。自分のキャリアを形成していく上で、働く目的をしっかり考え自分の職業観を持つことが必要になる。本章では若者が働くことの意味や意義を的確に認識し、就業を継続することの必要性を考えていく。

１．働くことの意義

　新規学卒者の場合、就職状況に昨今改善は見られるが早期離職者の割合は依然として高止まりしている。キャリア形成の面からみると早期離職は職業能力が蓄積されにくく、その後正規雇用者として再就職する割合は低下し問題視されている。若者は働く目的をどのように認識しているのか。平成25年版『厚生労働白書』によれば、2000年以降「楽しい生活をしたい」とする者の割合が大きく上昇して40%を超えているという。「経済的に豊かな生活を送りたい」とする若者の割合は低下傾向にあり、働くことに対する若者の意識は経済的な側面よりも、自分自身が楽しく生活できるかどうかという点を重視していると解説している。

　しかしながら、この報告は就職した新入社員に対する意識調査を基にしたもの[1]であるから、おそらく「働き収入を得ることを前提として、その上でどの

第1部 キャリア形成へ向けて　017

ような働き方をしたいか」という問いに対する回答とみるべきであろう。同じ調査の「会社の選択理由」についても「自分の能力・個性が生かせるから」とする者の割合が最も高く、次が「仕事が面白いから」となっている。実際に仕事をしている先輩方からは、「仕事はそんなに楽しいものではないし、自分の能力や個性を生かせる仕事をすぐにやらせてくれるわけではない」という声が聞こえてきそうである。

2．働くことのやりがいや苦労

　図1-2は筆者が授業を担当している福井県立大学の1年生と福井県内の高校生に「働く目的」を3点以上自由記入させ集計、分析したものである。大学生・高校生ともに「生計を立てるため」という回答が1位となったが、その他の回答に高校生と大学生の意識の違いが見られる。大学生に比べ高校生は自分のために働くという回答が多い。一方で大学生には「生きがい・やりがいを得るため」「企業・社会への貢献」といった記述が多く見られた。

図1-2　「働く目的自由記入調査」

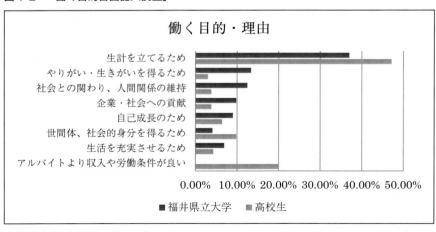

出所：福井県立大学「キャリアデザイン概論」受講者180名調査福井県内商業科高校生70名調査より筆者作成（2014年）

筆者が授業を担当している福井県立大学1年生の「キャリアデザイン概論」では、毎年身近で働いている社会人に「職業インタビュー」を実施している。これは仕事の内容や職位の他「働く目的」や「やりがい」「苦労」など詳しく聞きとり調査をするもので、インタビューの結果を授業の中で集計し分析しているが、毎年ほぼ同じような結果が出てくる。保護者世代の働く目的は、自分のためではなく主として生計の維持であり、家族のためという回答が多数を占める。傍から見ると楽そうに思えるパート勤務も含めてどのような仕事にも苦労や辛さはあるが、仕事のやりがいや楽しさは、製造技能職、事務管理職、営業・販売職、接客・サービス提供職など仕事の内容によって異なってくる。また、一般社員、管理職、経営者層といった職責の大きさでもやりがいや苦労が異なることを知ることになる。(表1-1参照)

表1-1　「職種別にみた仕事のやりがい」

	苦労・辛さ	楽しさ・やりがい
製造技能職	身体的辛さ、 勤務条件の厳しさ　等	完成したとき 自分が製造したという自負　他
接客・サービス職	お客様からの苦情 勤務条件の厳しさ　等	お客様からの感謝 患者・生徒の回復や成長　他
営業・販売職	お客様からの苦情 売り上げ目標の未達　等	お客様からの感謝 売り上げ目標の達成　他
事務管理職	職場の人間関係　等	予定通りの進行　他

出所：福井県立大学生の職業インタビュー分析から筆者作成

3．早期離職をもたらす要因

　現在、高校や大学では進路指導や就職支援、キャリア教育に力を注いでいる。その様な支援を受けての進路選択であっても、3年以内の早期離職者は、高卒者約4割、大卒者約3割と高いままであり、2010年3月卒の大学卒就職者56.9万人のうち19.9万人（35.0％）が3年以内に離職している[2]。

第1部｜キャリア形成へ向けて　019

若年者の離職原因については、労働政策研究・研修機構がハローワークで求職活動をしている若者にアンケート調査[3]を実施する形で調べている。同調査によれば若者の離職理由の第1位は「給料への不満」(26.6%)、第2位は「会社の将来に期待が持てない」(22.6%)、第3位は「労働時間が長い」(21.8%)となり、労働条件の悪さが原因のように思える。しかしながら、第4位「仕事のストレスが大きい」(21.7%)、第5位「職場の人間関係がつらい」(15.6%)と、若者の仕事への取り組み方を考えれば対応できるのではないかと思われる理由が続いている。さらに同じ調査の「最初に離職を考えた時に悩んだこと」に対する回答では「仕事の内容」(44.8%)、「自分のキャリアや将来性」(37.6%)となり、「給料への不満」や「会社の将来性への不安」は後退する。

　現在、若年者の早期離職を防止する対策として、キャリア教育の導入やインターンシップでの就業体験機会の提供、キャリアカウンセラーによる就職相談の実施など、様々な対策が奨励されている[4]。この調査結果からは、離職した若者は給料への不満や労働時間の長さ、会社の将来性への不満など環境面の不備を離職理由として挙げており、職業選択における仕事内容や職務条件の理解不足が原因のように思われる。しかしながら早期に離職をした若者が離職を考

図1-3　「若者の離職原因」

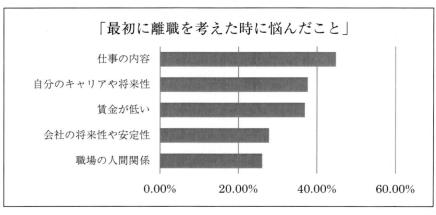

出所：労働政策研究・研修機構「若年者の離職理由と職場定着に関する調査」(2007年) より筆者作成

020

えだした契機は、仕事の内容や自分の将来に関することが多く、離職をする前に若者の職場の悩みを解決する対策が取られていれば、離職率は多少減少できるのではないかとの可能性が浮上する。

4. 就業継続を促す要因

初職の就業を継続することの重要性は、小杉、原、佐藤他多くの研究者が指摘している。新規学卒者として就職し、初職を継続している若者は離職を考えたことはないのであろうか。

考えたことがあるならば、なぜ思いとどまり就業を継続できているのか。筆者は福井県立大学公開講座「若者の仕事力向上講座」に参加した福井県内企業入社1年から5年目までの若者に、質問票形式によるアンケートを実施した[5]。アンケートでは、「入社後に離職を考えたことがあるか」ある場合には「退職しなかった理由」および「仕事を継続するうえで役に立つ制度や環境」を選択肢形式で尋ねその結果を分析した。

離職を考えたことのある若者は、調査対象の入社1年目から5年目の社員のうち44%であった。入社2年目の社員に「ある」との回答がやや多い（40.6%）が、1年目の社員にも3年目の社員にも離職を考えたことのある社員はいる。なぜ彼らは離職しなかったのか。「自分で選んだ職場なので、もう少し頑張ってみようと思った」（28.3%）、「収入がなくなると困るから」（25.0%）、「退職しても他に良い勤め先がないから」（18.3%）、「仕事はつらいけれど職場の人たちが良い人だから」（11.7%）、などの回答数が多くあった。

同じ調査で「就業の継続に役立ったもの」を尋ね、上位の回答をまとめたものが図1-4である。離職を考えたことがある場合もない場合も、ほぼ同じようなことを仕事の継続に役立ったと回答している。それらは、上司・先輩への相談機会であり、相談できる社内外の友人の存在である。回答の選択肢には、成果の給料への反映や希望部署への配置転換の機会提供なども含まれているが、それらを選んだ若者はいなかった。

図1-4　就業の継続要因

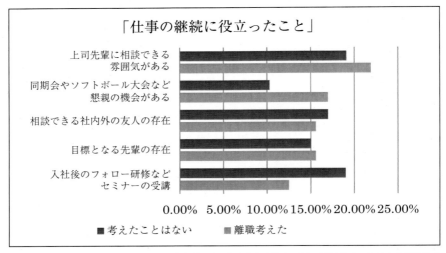

出所：2013～14年福井県立大学公開講座「若者の仕事力向上講座」参加者他72名の調査より筆者作成

　回答数がやや少ないという問題はあるが、就職前に考えていた仕事内容や環境に相違や悩みが生じたときに、それらの困難を乗り越えて就業を継続するためには、相談できる相手がいることが大きな力となるようだ。言い換えれば日頃から上司・先輩・友人とのコミュニケーションを取り、何か悩みが生じた時に相談できる体制が構築できていることが必要だと言えるであろう。

5. 職業選択と就業の継続

　どれほど研究して職業選択をし、企業選択をしたとしても、企業の業務が拡大し仕事が多様化していく現代において最初からやりがいのある仕事に就くこと、自分に適合する職務が割り当てられることは難しい面がある。職業適性検査の結果で、自分に適する仕事がそう簡単に見つけられることはないであろう。それどころか、就職し担当職務を一生懸命こなす中で、学生時代には気付かなかった能力や適性が見いだされることはよく起こる。学生時代には消極的で人前で話すことが苦手であった学生が、トップクラスの成績を収める営業担当者

になっていたなどということはよく聞く話だ。

　では、どのように職業選択を行い、どのようにすれば就業を継続できるのか。まず、企業を見る目、人を見る目を養いたい。そして、自分がこの企業だと決めた職場に入社したら、とにかく与えられた仕事を一生懸命こなすことである。自分に割り当てられた仕事を一生懸命遂行していく過程において、業務遂行力が身に付き自分が望んでいた仕事をやり遂げる力もついてくる。新入社員として入社し、仕事を教えてくれるのも上司や先輩など人になる。目の前の仕事の壁に苦労するとき、壁の向こうに何があるか教えてくれ、登る道を示してくれるのも人である。離職の思いが頭をよぎったときに、就業継続の力となるのは相談に乗ってくれる先輩や上司の存在であろう。

　前述の「若手社員の仕事力向上講座」に参加した入社1年〜5年目の社員に、「就職する前の学生時代にどのような能力を身に付けておくと、就業継続に役立つか」を尋ねた（前述の調査）。就職する前に身に付けておくものとして、コミュニケーション能力を挙げる人が多かった（37.5％で第1位、自由記入の内容を集計したもの）。これからの職業人生を歩んでいく上で必要なものの一つは、相談できる能力、相談者を見つけられる能力ではないか。

■参考文献
・中里弘穂編著　『若者のキャリア形成を考える』　2013年　晃洋書房
・日本生産性本部編　『平成24年度新入社員「働くことの意識」調査報告書』　2012年　日本生産性本部

■注
1　この調査は、日本生産性本部が40年にわたり毎年実施している新入社員「働くことの意識」調査報告書を基にしている。
2　2011年10月発表の「労働市場分析レポート」による。
3　労働政策研究・研修機構「若年者の離職理由と職場定着に関する調査」（2007年）
4　2009年2月に公布された「大学設置基準の改定」の中にも、キャリアカウンセラーの配置やキャリアガイダンスの制度化が盛り込まれている。
5　2013年、14年実施の同公開講座他参加者72名にアンケート調査を実施。男性43名、女性29名、入社1年目21.9％,2年目40.0％、3年目25.0％、4年目、5年目13.1％、業種は流通・小売業が28.1％,製造業が25.0％と多い。

第1部 キャリア形成へ向けて　023

ワークシート 1-3

■あなたが働く目的を3つ挙げてください。その3つを選択した理由を説明してください。

ワークシート 1-4

■あなたが学生生活や職場の中で悩みがある場合に、誰に相談しますか。その理由も挙げてください。

第3章 コミュニケーションスキルの必要性

　仕事を通してのキャリア形成を考える場合に、職場内外の人たちとコミュニケーションを取りながら職務を遂行することが必要になる。現代社会において、コミュニケーションという言葉はよく使われる。例えば、「もっと顧客とのコミュニケーションを取るようにしなさい」「コミュニケーションが不足しているからこのようなトラブルが起きるのだ」等である。翻って、コミュニケーションとはどのようなものなのか。コミュニケーションを取るとは、何をどのようにすればよいのか、漠然としており明確な答えは出しにくい。

　しかるに職場において求められるコミュニケーションを理解したうえで、職業キャリアの形成を考えることは、これから自分の進む方向を見出していく若者に必要であろう。本章では、就業を継続するうえで重要な要素になると思われる職場のコミュニケーションに焦点を当て、コミュニケーションを良好に保つために必要なスキルを考えていく。

1. コミュニケーションとは何か

　新卒者の採用で企業側が一番求めるものは、コミュニケーション能力である[1]という。日常生活においても「コミュニケーション不足」「コミュニケーションは難しい」などと、コミュニケーションという言葉は、よく使われる。そもそもコミュニケーションとはどのような意味なのか。

　コミュニケーションについては、社会心理学の分野で研究の蓄積が進んでいる。日本産業カウンセラー協会の参与を務める渡邊は、アメリカの社会心理学者バロー（Berlo.D.K.1976）やデヴィートゥ（DeVito.J.A.1986）の定義を参考に次のように説明している。

第 1 部 キャリア形成へ向けて　025

① ある人（送り手）が、何らかの目的なり意図を果たすために、

② それに関連する心の内面の様々な働きの一部を選択して、

③ 記号化してメッセージを表現し、

④ それに応じたチャンネル（通信路）を通じて送り、

⑤ それを他の人（受け手）と共有し、影響を与えようとする過程で、

⑥ その結果、両者の間に、何らかの関係の変化が生じる。

　例えば、①東日本大震災の募金活動に協力してほしいと考え、②どのように依頼しようか、協力してくれるかなど不安もあるが依頼してみようと決め、③依頼する言葉を考え、④メールを使い、⑤拒否されずメールの受信を確認し相手に募金に対する関心を呼び起こし、⑥共感し協力してくれたことで相手と信頼感が増すなどの一連の行為になるのであろう。

　コミュニケーションというと、「伝達」「連絡」という意味に解されることが多いが、英語のcommunicateの語源はラテン語のcommunicareであると言われ、この言葉は「分け合う」「共有する」という意味である。つまりコミュニケーションでは一方的な伝達ではなく、情報その他を相手や関係者と共有することが必要になる。

2．職場で求められるコミュニケーション

　次に職場で求められるコミュニケーションについて考えてみたい。名古屋商科大学大学院の川村は、仲間内のコミュニケーションと仕事のコミュニケーションは異なっているとして、仕事のコミュニケーションについて3つの基本条件を述べている（川村：2013）。

① 狙いを明確にする。

　　職場のコミュニケーションは、特定の相手が決まっており相手を選ぶことはできない。許された場と時間の制約があり、その中で情報の連絡や自分の考えを伝えなければならない。

②「外感覚」を身に付ける。

図 1-5　仕事や職業生活の悩み

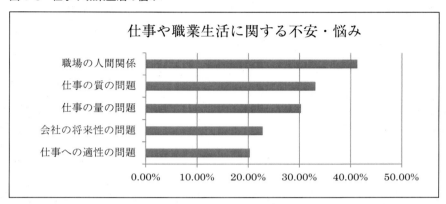

出所：厚生労働省「平成24年労働者健康状況調査」より筆者作成

　仕事は「公的」なものである。場をわきまえた身だしなみや言葉遣い、ビジネスマナーが求められ、企業や組織のルールに沿ったコミュニケーションでなければならない。
③「責任」を自覚する。
　職務上の役割責任を自覚し、仕事上の行動に対する説明責任と結果への対応責任が求められる。
　このように説明すると、就職活動において学生が自己PRとして「飲食店でのアルバイト経験やサークル活動でコミュニケーション能力を身に付けた」と主張することが、職場で求められるコミュニケーション能力と違うことに気がつくであろう。職場では、許された場と限られた時間の中で、様々な相手に応じて、どのような方法を用いて、必要な情報を効率的に伝達できるかというスキルが求められる。身だしなみや言葉遣い、ビジネスマナーは相手に良い印象を与えるだけにとどまらず、ビジネスの信頼性を増すうえで必要なコミュニケーションスキルである。さらに、仕事である以上、コミュニケーションが良好に保たれていても結果が伴わなければ、無意味になる。

3. 人間関係とコミュニケーション

　厚生労働省が実施した「労働者健康状況調査」[2]（2011年）によれば、仕事や職業生活で不安や悩み、ストレスがあると回答した割合は60.9%に上る。その中で回答が多いものが図3-1のように職場の人間関係の問題（41.3%）になり、2007年の調査と比べるとストレスを感じると答えた労働者の割合は、58.0%から60.9%に増加し、職場の人間関係に悩む割合も38.4%から41.3%に増加している。前述の川村が説くように仕事で求められるコミュニケーションの第一は、職務を的確に遂行するための情報伝達になるであろう。しかしながら仕事の悩みや不安を解消するためには、よい人間関係を構築するコミュニケーションも必要になる。

　そこでコミュニケーションのもう一つの役割、感情のやり取りや共有が必要になる。明治大学の齋藤はコミュニケーションとは、意味や感情をやり取りする行為であると規定している。テレビのニュースを例に挙げ、一方的に情報が流れるだけではコミュニケーションと言わないと説明している（齋藤：2004）。何かトラブルが起きた時に「コミュニケーションを十分にとっておけば」といった言葉をよく使うが、一つには状況を詳しく説明し共通認識を持つべきであったということを意味する。もう一つは、情報のやり取りだけでなく、感情的にも共感できる部分が多くあれば、少々の行き違いがあってもそれを修復できる、そのような信頼関係を作っておくべきであったという意味である。後者においては、約束の時間に連絡なく待たされている家族や恋人の例を考えればわかるであろう。情報のやり取りはできていないが、信頼関係がある。連絡もなく待たすということは、よほど重

図1-6　コミュニケーションの二つの側面

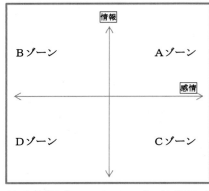

（出所：齋藤隆『コミュニケーション力』より筆者作成）

大なトラブルが発生したに違いない、さらに仕事が理由であるならば、その仕事を自分は応援しているので、待たされたことに不平を言わないという状況だ。

　齋藤は、さらにコミュニケーションの状況を、座標軸を使って説明している。Ａゾーンは情報のやり取りも感情のやり取りも十分行われている状況で問題は生じない。Ｂゾーンは、情報のやり取りは十分行われているが感情のやり取りはない。通常の仕事はＢゾーンで対応できる。Ｃゾーンは仕事の情報は持っていないが感情のやり取りはできているので慰めや励ましは可能だ。このように考えると、上司や先輩とＡゾーンの関係を作っておくことが必要になる。

　そうではあるが、職場には自分と考え方や価値観の異なる先輩・上司も多い。関係づくりが難しい人とどのようにコミュニケーションを取ればよいのであろうか。前述の渡辺は、「付き合いづらい人」との関係について、①相手をわかってあげる、②相手の気持ちを聞いてわかってあげる、③そのうえで自己主張をするとよいと述べている（渡辺：2011）。自分をわかってほしいときには、まず相手の話を聞き、相手の考え方を受け入れ、相手を理解したうえで、相手が受け入れやすい方法で自分の考え方を主張する、このステップが有効である。

　キャリア形成に向けての第一歩を踏み出すために就職先を模索する中で、コミュニケーションの持つ二つの側面、職務を遂行するうえで必要な情報伝達や責任意識を持つことと、職場での良好な人間関係を構築するための感情のやり取りや仲間意識の共有が求められることを理解して進みたい。

■参考文献
・川村稲造著『仕事のコミュニケーション論』2013 年　白桃書房
・齋藤孝著　『コミュニケーション力』岩波書店（岩波新書）　2004 年
・渡邊忠・渡辺美枝子著『コミュニケーション力―人間関係づくりに不可欠な能力―』雇用問題研究会　2011 年

■注
1　日本経済団体連合会、会員企業アンケート調査の「企業が採用時に重視する能力」では、コミュニケーション能力が第 1 位となっている。2012 年 3 月調査。
2　厚生労働省が全国の事業所から抽出した労働者に、職場環境や健康診断の実施等を調査し報告しているもの。調査対象労働者、17,500 人、有効回答数 9,915 名。2011 年 10 月実施。

ワークシート 1-5

■あなたの苦手な人はどのようなタイプの人ですか。その人と良好な関係を作るために
はどのようなことを心がけるか、記入してください。

ワークシート 1-6

■あなたのコミュニケーション力を伸ばすためには、どのようなことをするまたは心が
けると良いか考えてください。

第4章 インターンシップの役割と効果

　自分に適した職場や企業を選択し、職業キャリアを形成するための一歩を踏み出すうえで、インターンシップの体験は有効であると言われている。職場の状況や仕事内容の理解を促進し、自分の適性を把握するために大学や高校はインターンシップ（以下インターン）の参加を推奨している。文部科学省はインターンについて「学生が在学中に自らの専攻、将来のキャリアに関連した就業体験を行うこと」と説明している[1]。実際に学生はどのような期待を持ちインターンに参加しているのか。また大学で実施されているインターンとはどのような内容のものでどのような効果が期待できるのか。大学生のインターン参加を中心に述べていく。

1．インターンシップの役割

　インターンの源流はアメリカにあると言われる。アメリカでは大学の制度として産学が共同して行う教育をCO-OP教育（Cooperative Education）とし、学生が個人の立場で企業や官公庁等において就業体験することをインターンと称している。1906年アメリカのシンシナティ大学教授、シュナイダー（Schneder,Herman）が在学中の専門分野の学習とそれに関連した実務経験を相互に受けさせ学習効果を高める教育システムを実施した。その後各地の大学に広がるが、CO-OP教育は専門の学習と実務体験を3～6か月ごとに繰り返すので3年から5年と長期にわたる産学連携の教育である。CO-OP教育が学内の教育を中心とし実務体験を組合せて実施するのに対して、インターンの場合は主として学外の企業や団体内で実施される。6か月以上の長期が多く、専門分野を生かす就業の体験を行い多くの場合有給である（古閑:2011）。この点で、1

第1部 キャリア形成へ向けて　031

週間から 2 週間の短期間での実施が多く、専門を生かした就業というより職場体験の要素が強く、概ね無給である日本のインターンとはかなり異なっている。

　日本の大学におけるインターンの本格的導入は、1997 年に始まる。この年、文部省、通商産業省、労働省の 3 省合同による「インターンシップの推進にあたっての基本的な考え方」が公表されインターンの推進が重点課題とされた。1997 年はいわゆる就職氷河期の年である。文部科学省の調査[2] によれば単位認定を行う授業科目としてインターンを実施している大学は 70.3％に上るが、参加学生数でみると 2.2％であり、まだ少数に過ぎない。ただしこの数字には、単位認定を伴わず学生が個人で参加するインターンは含まれていない。教職実習など特定の資格取得に関係しないインターンの場合、61.8％が大学 3 年生の時期に参加し、夏期休業期間に実施される場合が多い。実施期間は 1 週間未満が 44.5％、1 〜 2 週間未満が 38.7％と欧米に比べ日本で実施されているインターンは短期である。

2．インターンシップの内容

　インターンの実施はどのように行われているのか。概ね以下の 3 つに分けられるであろう。①大学が企業あるいは特定の団体と連携して独自に実施するもの。②その地域の経営者団体やインターンシップ推進協議会などが主催し、その地域の複数の大学から参加学生を募り、学生の希望に応じて実施企業を斡旋するもの。③企業あるいは団体が独自に実施し、学生が自由に応募し参加するもの。③の場合は、単位認定の対象外となる場合が多く実際の参加者を大学も正確には把握していない。毎年 200 名、300 名と多数の学生をインターンに受け入れる企業もあり、③の参加者はかなり多いことが予想されることから、実際には前述の 2.2％より多くの学生がインターンを経験していると考えられる。

　人気企業のインターンは応募者が多く、エントリーシートの提出、グループディスカッション、集団面接など採用試験と同じような選考を経て参加する場合もある。地方大学の場合、地域の一部有名企業に学生の希望が集中すること

を避ける意味からも、②の形式が採用される場合が多い。学生は大学の所在地または出身地域のインターン主催機関を経由して、自分の希望に近い就業体験を行うことができる。また、①，②の場合は事前事後の学習や、参加後のレポート提出を義務付ける大学が大半であり、教育としての効果を意図している。

　インターンの内容は、受け入れ企業ごとに様々であるが、概ね①就業体験型、②講義・見学中心型、③プロジェクト課題解決型に分けられるであろう。①の就業体験型は、工場での生産作業に従事、店頭での販売体験、宿泊施設での接客体験など実務を生産現場や接客の場で体験するもので、インターンの期間に応じて1業務の体験や複数職場の体験などが組み込まれている。企業側の担当者が現場で指導監督をする必要があり、受入れ人数の制約から多くても1職場10名位までである。

　②の講義・見学中心型は期間が短く、多数の学生を受け入れる場合に多く行われる。ある地方金融機関の場合、2日間のコースを複数回実施している。内容は業務紹介、ビジネスマナー実習、入出金業務実習、先輩社員との懇談などであり、基本的に研修室内で行われる。1日ごとに職場を移動して簡単な実習作業や職務の体験を行う場合もどちらかといえば、講義・見学型に近い。

　③のプロジェクト課題解決型は、複数大学からの参加者がグループを作り与えられた課題に取り組み、企画・提案や自分たちが考えた回答を発表するものである。課題解決の過程において市場調査や企業内調査などが含まれることもある。就業体験というよりも、職場で必要とされる分析力や時間管理能力、コミュニケーション能力やプレゼンテーション能力などの必要性の認識と育成を意図していると考えられる。このタイプのインターンは、同時に他大学の学生との相互啓発の機会ともなりえる。

3．インターンシップの参加目的

　学生はインターンの参加に際し、どのような期待を持つのか。福井県立大学のインターンシップ授業履修者へのアンケート調査[3]からは、主に4点の期待

が抽出された。1点目は、職場というものを理解したいというもの（15.2%）。2点目は、職場ではどのように仕事をするのか知りたいというもの（12.7%）。3点目は、自分がどのような職種、業種に向くのか適性を知りたいというもの（12.7%）。4点目は、志望業種、職種で就業体験し適性を知りたいというもの（10.9%）である。この調査からは、学生が志望企業や職種での仕事内容を知る前に、職場そのものが理解できていない学生がいることが窺える。仕事内容が知りたいという目的での参加の場合には、就業体験型ではなく講義・見学型でも可能であろう。

昨今は1日だけの参加で企業説明や体験を行う「1Dayインターン」などもあり、企業は学生に自社の業務を理解する機会を提供している。ある職種への適性を見極めたい場合には、就業体験型のインターンが望ましいであろう。短い期間の体験であっても、インターン学生を受け入れたある旅館の女将は、参加した2人の学生のサービス業への適性を見事に見抜いていた。自分の適性が知りたい場合には、インターンに参加する前に仕事とは何か、職場や組織はどのように成り立っているのか考えることが先になる。職場では誰もが自分に最適だと思われる仕事を担当しているわけではなく、与えられた仕事を遂行する中で、自分の特性を発揮し日々成長していく。その意味ではプロジェクト課題解決型に参加することで、啓発が得られるかもしれない。

図1-7　インターンシップ参加動機

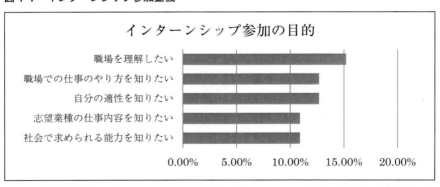

出所：福井県立大学のインターンシップ授業履修者へのアンケート調査より筆者作成（2014年）

インターンの実施は、受け入れる企業や団体にとってはどのようなメリットがあるのか。前述した3省合意の文章中では、「①実践的な人材の育成、②大学等の教育への産業界等のニーズの反映、③企業などに対する理解の促進」等が掲げられている。筆者が訪問した4社のインターン担当者へのヒアリングからは、短期間の就業体験で優秀人材を発掘することは難しく、自社の業務を理解した応募者の増加を期待しているとのことであった。特に中小企業の場合は、インターン参加者が自社の新卒採用に応募することは期待できず、地域貢献と割り切っているとの答えが多かった。日本のインターンの場合、3年生の夏期休業期間中に実施が集中することから、大手企業に希望が集中し、学生は自分の希望通りのインターンに参加できない場合も多くなる。インターン参加の目的と実施内容を検討して参加することが必要であろう。

3．インターンシップの成果

　インターンに参加することにより、どのような成果が得られるのか。終了後にアンケートを実施し、参加学生の代表的な回答をインターンの3タイプ（就業体験型・講義見学型・プロジェクト課題解決型）に分けて集計したものが図1-8である。

図1-8　インターンシップの成果

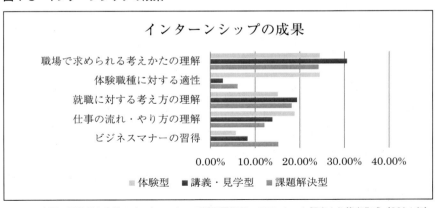

出所：福井県立大学のインターンシップ授業履修者へのアンケート調査より筆者作成（2014年）

このグラフからはインターンの内容により学生が成果を得たと感じていることが異なっていることがわかる。職場や就職について理解や認識ができたという項目に対する回答が多く、「主体性や行動力が身についた」「コミュニケーション能力が身にった」と考える学生は、どのタイプのインターンでも低くなり、10%以下である。

短い期間ではあるが、インターンに参加することで能力は向上したのであろうか。経済産業省が提唱している「社会人基礎力」[4] の 12 の要素についてインターン参加前と参加後にどの程度身についているか質問した。10 点満点でのその時点の点数の自己採点による集計である。自己採点ではあるが、参加前の社会人基礎力の平均が 6.0 であるのに対して、参加後は体験型、講義型が6.2、課題解決型が 6.6 と、どのタイプのインターンに参加しても社会人基礎力は伸びている。特に「課題発見力」や「発信力」がどのタイプのインターン

表 1-2　インターンシップ体験による社会人基礎力の向上

	参加前	体験型	講義型	課題解決型
1. 主体性	5.8	6.4	6.5	6.3
2. 働きかけ性	5.1	5.6	5.3	6.3
3. 実行力	5.7	5.9	6.2	6.5
4. 課題発見力	5.3	5.9	6.3	6.9
5. 計画力	5.6	5.1	5.2	6.4
6. 創造力	4.7	4.9	4.0	5.7
7. 発信力	4.8	5.7	5.5	6.1
8. 傾聴力	7.3	7.5	7.4	7.5
9. 柔軟性	6.5	6.5	6.8	6.7
10. 状況把握力	6.1	6.2	6.3	6.7
11. 規律性	7.9	8.1	7.9	7.9
12. ストレスコントロール力	6.7	6.7	6.4	6.3
平　均	6.0	6.2	6.2	6.6

出所：インターンシップ受講者アンケート（2014 年 9 月実施）より筆者作成

に参加しても上昇しいることが見て取れる。中でも課題解決型のインターンに参加した学生の社会人基礎力が向上しており、「働きかけ性」「課題発見力」「創造力」「発信力」などが、それぞれ1ポイント以上もの伸びを示している（表1-2参照）。課題解決型インターンへの参加は、短い期間であっても他大学の学生に触発され、真剣に課題に取り組むことで、社会人基礎力として挙げられている能力の発揮に自信をつけたのではないか。日本で実施されるインターンは短期間ではあるが、参加の目的に即したタイプのインターンを選択し参加すれば、就業に向けての効果は得られると考えられる。

■参考文献
・古閑博美編著『インターンシップ―キャリア教育としての就業体験―』2011年　学文社
・高良和武監修『インターンシップとキャリア―産学連携教育の実証的研究―』2007年　学文社

■注
1　平成9年9月（平成26年4月一部改正）文部科学省、厚生労働省、経済産業省の「インターンシップ推進にあたっての基本的考え方」による
2　文部科学省インターンシップ実施状況調査による。対象期間平成23年4月から平成24年3月、調査対象、全国公私立大学等1,774校
3　福井県立大学経済学部3年生「インターンシップ」授業において実施　2014年4月　回答数56名

ワークシート 1-7

■あなたがインターンに参加する目的はどのようなことですか。

ワークシート 1-8

■あなたはインターンに参加することにより、どのようなことが得られると思いますか

第5章 企業研究と適職の探し方

　キャリア形成の第1歩としては、自分が満足する人生を送ることのできる職場、職業をいかに見出すかが重要になる。職業といった場合、看護師、営業職、システムエンジニアのように仕事の内容を示し、建築事務所のように個人で仕事をする場合を除いては、企業や団体に就職しその中でその職を担当することになる。しかしながら企業は無数にあり、多数の職業が存在するが、高校生や大学生が認識している企業はごく一部に過ぎない。その結果一部の大手有名企業に応募が集中するという結果を生む。就職活動で本当に大切なことは、大手や中小に関係なく自分にとっての優良企業をどのように見つけるかにある。本章では、企業や職場をどのように選択すればよいのか、その鍵となる企業研究・職種研究について述べていく。

1. 企業研究の必要性

　そもそも何故、業界研究や企業研究が必要なのであろうか。第1点は自分が就職したい企業や団体を探し出すためであり、2点目は応募書類やエントリーシートの志望動機を作成するためと考えられる。志望動機は当然、自己分析によって得られた自分の資質や強み、また求めるやりがいと結び付いていなければならない。言い換えれば企業研究は、自分が漠然と抱いていたその企業への興味関心や憧れを、明確な志望に繋げる役割を果たすために必要なのだと考えられる。では，どこから始めればよいのか。就職支援企業のセミナーなどでは通常志望する業界があり、その中から志望する企業を探す方法が勧められる。業界といっても細かく分類すれば100以上もあり、十分な知識が無いまま業界を一つ一つ調べてもピンとこないであろう。また、現代では事業範囲が多岐

第1部 キャリア形成へ向けて　039

にわたり業界の枠におさまらない企業も多い。例えば楽天はインターネット業界と考えられるが、保険も書籍も旅行も扱っているし、楽天イーグルスという球団も所有している。そこで、まず自分が興味のある企業、好きなモノやサービスを提供している企業を選択し、その企業を研究することから始めることをお勧めしたい。

2. 企業研究の方法

　企業研究は、①企業理念を知る、②ビジネスモデルを知る、③求める人材像を知るの3点を押えることがポイントとなる。

　まず、自分が興味を持った企業のHP等から"企業理念"を理解しよう。例えば花王グループは「消費者と顧客の立場にたった"よきモノづくり"を支える」、ソフトバンクグループは「情報革命で人々を幸せに」と謳っている。企業理念はその企業の普遍的な価値観や存在理由を表したものと考えられる。更に社是社訓、行動規範といった細かい規定を載せている企業も多い。この企業理念と自分の働く目的、求めている方向が自分のこだわり、志向と重なるかどうかを考える。

　次に、その企業がどのような製品やサービスにどのような付加価値をつけて、どのような顧客にどのように提供しているのかを見ていく。提供する製品が、完成品なのか部品なのか、原材料や部材なのかで，生産方法や営業システムも大きく変化する。顧客が法人か消費者か、事業領域が日本国内か海外かで販売ルートや営業システム、原材料の調達や輸送方法が異なってくる。就職活動の当初から営業がしたい、事務職希望という学生は多いが、企業のビジネスモデルにより営業の方法も事務の内容も異なることを理解しよう。営業職というと自動車や住宅のように個人客へのセールスをイメージする学生が多いが、部品や部材の営業では顧客からの要望を自社の製造部門に伝え、自社の技術の持つ可能性の範囲で顧客の要望を満たす製品をいかに迅速に納入できるか、正にコミュニケーション能力、コーディネイト能力が求められる。

表 1-3

【企業研究シート】「　　　　　　　　　　　株式会社」

<table>
<tr><td rowspan="1">経営理念</td><td colspan="2">経営理念，社是社訓，ビジョン，行動指針等</td><td></td></tr>
<tr><td rowspan="6">企業概要</td><td colspan="2">本社所在地</td><td></td></tr>
<tr><td>創業</td><td></td><td>代表者名</td><td></td><td>従業員数</td><td></td></tr>
<tr><td>資本金</td><td></td><td>売上高</td><td></td></tr>
<tr><td colspan="2">主要事業所・営業所等</td><td></td></tr>
<tr><td colspan="2">グループ企業</td><td></td></tr>
<tr><td rowspan="8">ビジネスモデル</td><td colspan="2">事業概要</td><td></td></tr>
<tr><td colspan="2">主要製品・サービス①</td><td></td></tr>
<tr><td colspan="2">主要製品・サービス②</td><td></td></tr>
<tr><td colspan="2">主要製品・サービス③</td><td></td></tr>
<tr><td colspan="2">主要顧客・取引先</td><td></td></tr>
<tr><td colspan="2">営業地域</td><td></td></tr>
<tr><td colspan="2">事業戦略</td><td></td></tr>
<tr><td colspan="2">競合他社</td><td></td></tr>
<tr><td rowspan="5">財務内容</td><td>売上高推移</td><td>3年前</td><td>2年前</td><td>1年前</td></tr>
<tr><td>利益推移</td><td>3年前</td><td>2年前</td><td>1年前</td></tr>
<tr><td colspan="2">同業他社との比較</td><td></td></tr>
<tr><td colspan="2">企業の強み</td><td></td></tr>
<tr><td colspan="2">企業の弱み</td><td></td></tr>
<tr><td rowspan="2">求める人材</td><td colspan="2">採用職種・地域</td><td></td></tr>
<tr><td colspan="2">人材要件（求めている人材）</td><td></td></tr>
</table>

出所：筆者作成

図1-9 【自動車製造・販売業関連マップ】

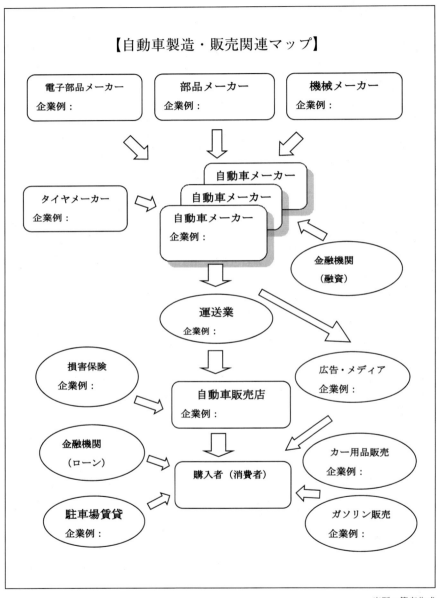

事務的な仕事も、営業アシスタントのように顧客と対応し営業担当者をサポートする仕事と、品質保証や検査担当者のように与えられた業務範囲の仕事を計画的に遂行する仕事では、求められる能力・資質が異なってくる。

　更に、その企業はどのような人材、どのような職種の採用を意図しているのかについて、採用情報や先輩社員の体験談から大まかに把握できる。企業研究に取り組む場合は、表1-3のような「企業研究シート」を作成し調べた結果を記入すると効果的であろう。同じシートをライバル企業についても作成すると、業界の特徴もつかめてくる。

　企業の安定性や将来性はどのように把握できるのか。上場企業であれば、HPに「株主・投資家の皆様へ」という項目を載せている。売上高や利益の推移がグラフ化されているのでわかりやすい。財務諸表[1]が読めなくても「決算短信」[2]の説明を読むだけで概要はつかめる。また、同じ業界の2, 3社の財務諸表を見比べるとその企業の問題点が把握できるであろう。

3. 業界研究の方法

　ある程度企業のことがわかった段階で、業界研究に進もう。業界研究といっても全ての業界を研究する必要はなく、自分のやりたいこと、好きなものに繋がる業界を研究すればよい。

　一つの方法として、関連業界のマップを作成する方法がある。図1-9のように自分が興味を持つ企業を中心に、そこに関連する業界を繋げていく。例えば環境に優しい自動車を提供することで人々の暮らしに貢献したいと考える場合、自動車メーカーだけでなく様々な分野から貢献できることがわかるであろう。ある工作機械メーカーの総務部長さんは「営業と言っても機械を売るのだから、機械を好きになってくれないと売れない」とおっしゃっていた。このことは事務的な仕事についても言える。食品メーカーの事務管理の仕事は、原材料の調達や製品の品質管理、出荷に関わる事務的な仕事を担当することになるので、味や食へのこだわりは当然求められるであろう。

業界の概要については慶應義塾大学の友岡が『就活性のための企業分析』の中でコンパクトにまとめている（友岡：2012）。一読し興味を持った業界を2, 3詳しく調べることも効率的であろう。

4. 職種，職業研究の方法

就職というが、多くの日本企業は新卒一括採用というシステムを取り、採用後に教育をする中で人材を育てていく、いわば就社に近い。新入社員の場合、アナウンサーやデザイナーなど一部の職種を除いては、採用後に適性や欠員を考慮して配属が決まる場合が多い。大学生の場合には、総合職[3]・一般職の区別やエリア職といった限定職を設け採用する企業もある。総合職と限定職では、①勤務地域、②昇進、③給料、④職務領域に差がある場合が多い。ある金融機関の場合、総合職は全国への転勤の可能性があるが、エリア職の場合自宅からほぼ30分内外の支店が配属先になるという。

限定職から総合職への変換制度を持つ企業もあるが、社内での試験など厳しい選抜が待っている。

自分がやりたいと思う仕事のある企業はどのように探すのか。企業には、製造、営業・販売、経理・財務、購買・調達、総務・人事などの機能があり、それぞれの部署の中に技術職、営業職、経理、購買・調達といった職種が入っている。企業の事業内容により、それぞれの機能に所属する従業員の割合が変わってくる。また、企業のHPから組織図を見ることで、どのような職種の担当者が多いのかも推測できる。北陸にある従業員数300名強のシステム開発の企業は、製造機能に当たるSE・プログラマー職の社員が多数を占め、人事・教育・採用及び総務の業務をほぼ一人で行なっているという。前述の川村は、仕事の付加価値という面から営業、購買・調達、工程管理、経理・会計、人事などの仕事をわかりやすく説明しており、学生が将来の仕事を考える際にイメージしやすい（川村：2012）.

5. 企業訪問や職場見学の活用

　以上の準備をした上で、やはり直接職場を訪問したり、その企業で働く方たちの話を聞く機会を持つことがより効果的である。実際に職場を訪問することで、文字からは伝わらない職場の雰囲気を感じることができる。そこで働く社員の働きぶりや実践も見ることができるであろう。

　職場訪問や企業人講師の講話をお聴きする場合の留意点は何か。受け身にならず、自ら主体的に取り組むことである。事前にHP等で業務内容、事業展開、主要製品などの情報を収集したうえで訪問すると効果が上がる。さらに情報収集の過程で、なぜ、どのようにという疑問を持ち、書き留めておくとよい。「どのような顧客にどのように営業するのか」「新製品を開発（販売）するときの苦労や工夫は何か」といった疑問を持つことで企業訪問や講師のお話を真剣に聞くことに繋がり、質問ができるようになる。

　企業人講師の講話や職場訪問はカナダ人心理学者のバンデューラーの唱えた社会的学習[2]と考えられ、疑似体験を通して興味を広げ職業選択への動機づけに繋げる効果が期待できる。

　（本章は中里弘穂著「企業研究・業界研究、職種・職業研究」『キャリアデザイン支援ハンドブック』2014年　ナカニシヤ出版　に一部加筆修正を加えたものである。）

■参考文献
・川村稲造著『仕事の経営学』2012年　白桃書房
・友岡賛編著『就活性のための企業分析』2012年　八千代出版

■注
1　財務諸表とは、貸借対照表と損益計算書に代表される、企業が企業活動に伴って変動する財務の状況を記録・計算・整理して明確になった経理内容、株主に報告するために作成されるさまざまな計算表を指す。
2　決算短信とは、株式を証券取引所に上場している企業が、証券取引所の適時開示ルールに則り決算発表時に作成・提出する、共通形式の決算速報である。
3　コース別人事管理制度の一つで，将来管理職となるコース。一般職と対を成す概念。総合職とは，立案，総合的判断，非定型的事務処理を必要とする職務群であり、職務や勤務地域の移動を伴う場合が多い。

ワークシート 1-9

■あなたが興味を持った企業2社について、①経営理念と②提供している製品・サービスを書き出してみよう。

企業名（ 　　　　　　　　　　　　　　　　　　　　　　　 ）

① 経営理念

② 製品・サービス

企業名（ 　　　　　　　　　　　　　　　　　　　　　　　 ）

① 経営理念

② 製品・サービス

ワークシート 1-10

■コンビニに関わりのある企業を考え、関連マップを作成してみよう。

第**6**章 ─ エントリーシートの作成とコミュニケーション能力

　大学生の就職活動において、多くの企業・団体が「エントリーシート」の提出を求めている。「エントリーシート」とは、応募学生の自己紹介書、PR書のようなもので、その企業へ応募する意思表明ともなり、応募者が多数の場合には1次試験の役割も果たす。エントリーシートで企業が求める設問、記入内容は多様であるが、本章ではコミュニケーション能力の発揮という観点からエントリーシートの作成を考えてみたい。

1. エントリーシートの記入

　エントリーシートの作成について多くの学生が苦労するという。エントリーシートは文章によるコミュニケーションであるから、記入内容も重要であるが記入方法、言い換えればどのように作成するかも非常に重要となる。多数のエントリーシートを審査する採用担当者の立場になれば、文章は「見やすい」「読みやすい」「わかりやすい」ことが基本になろう。文字のうまい下手はあるとして、手書きの場合、黒ボールペンで丁寧に記入してほしい。コミュニケーションの基本は読みやすさと相手の立場を考えることにある。

　「見やすい」「読みやすい」エントリーシートとはどのようなものなのか。適度の空間があり、適切な段落が配置されている、何が書かれているかすぐにわかるものではないか。「課外活動で力を入れたこととその活動から得られた成果を記入してください」という課題の場合、「力を入れたこと」「成果」と文章中に見出しを記入することで読みやすくなる。また、①②③という番号をつけることも有効である。筆者はエントリーシートのみならず、文章の書き方の一つの例として"PREP法"を勧めている。まず結論（Point）を述べ、次に理由

第1部 キャリア形成へ向けて　047

表1-4 PREP法の構成

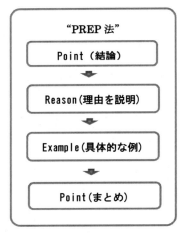

出所：筆者作成

(Reason) を説明し具体的な例 (Example) を出した後、最後にまとめ (Point) を述べる構成で書きやすく、わかりやすい。具体例を述べるときには、抽象的な表現ではなく「30%向上させた」「顧客アンケートで親切接客ベスト3に選出された」のように具体的な数字を使用すると効果的である。

もう一つの書き方として、記入スペースや字数が少ない場合には、"SDS法"がある。最初に要約（Summary）を記入し次に詳細な説明（Details）をした後、まとめ（Summary）を述べる書き方である。字数に制限がある場合にはまとめを省略すれば短くできる。

提出文書であるから、誤字脱字や変換ミスをなくすとともに、応募先に対する敬称（○○会社様）や敬語の使用は当然である。

就職後は新入社員であっても研修報告書、日報他の届け出文書等、職場では多数の文書作成が必要になる。エントリーシートでは基本的な文書作成能力が備わっているかを判断されると考え、話し言葉、若者言葉ではなく文章としての適切な日本語を使用したい。

2. エントリーシートの記入内容

エントリーシートとして企業が求める設問はさまざまである。業種や職種によっても異なり、毎年違う設問を提示する企業も存在する。しかしながら多くの企業はその中で、「自社の志望理由」「学生時代の勉学や課外活動への取り組み」「自己PR」に類することを記入させている。「困難や苦労を乗り越えた体験」の記入は、大学生活の取り組み、体験の1例に他ならない。エントリーシートを文書によるコミュニケーションツールと考えるならば、企業が求めること

に的確にこたえることが重要になる。企業は応募学生のエントリーシートから、どのようなことを知りたいのであろうか。企業が知りたいことは、①自社が求めている人材かどうか、②入社後に活躍し成果をあげられる人材かどうか、などが中心であろう。

　企業が求める人材は多種多様である。そこで自己分析と企業研究を行うことにより自分は応募先が求めている人材であるということを、提示された設問に即してPRすればよいことになる。①に応えるためには、応募する企業がどのような人材を求めているのか十分に研究する必要がある。学生のエントリーシートにしばしば「私は〇〇力があります」に類する記述がある。〇〇力の有無は、そこに記された事実や体験から採用担当者が判断なさることで、些細な体験を無理に〇〇力に結びつけることは感心しない。

　②の入社後に成果を上げる人材かどうかはどのように判断するのであろうか。一つにはコンピテンシー[1]の考え方ではないか。職種や専門分野によって異なるが、企業の中で一定の成果を上げる人は共通する行動特性を持つという考え方である。そこで学生時代にスポーツに打ち込んだ学生や、バックパッカーとして半年間アジアを一人で旅した学生などが、忍耐力、チャレンジ精神を持つとの評価を受けることになる。エントリーシートの記述から窺える、プラス思考やこだわり、周囲への感謝なども企業が高く評価するコンピテンシーの一つである。

　もう１点は、学業や課外活動の実績や自己PRの記述の奥に、職場で必要となる仕事への取り組み方に繋がる基本的な行動や考え方の保持が、読み取れるかどうかではないか。例えば、PDCA（Plan・Do・Check・Action）をきちんと回した行動をとっている、目標管理行動ができている等である。企業の方から見れば大学、大学院で学ぶこと研究することは基礎であり、職場でそのまま活用できるとは限らない。専門知識や研究テーマそのものではなく、部活・サークル活動の成果ではなく、そのことを選択した理由と取り組み方を知ることで、今後伸びてゆく人材になりうるか判断したいのだと考えれば、エントリーシート記述の方向性は明確になる。

第１部｜キャリア形成へ向けて　049

表1-5　エントリーシートの設問例

> 【設問】あなたが店長になったとき、
> 　　　　この店の売り上げを向上させるためにどのようなことをしますか。

出所：筆者作成

3．エントリーシートの記入例

　エントリーシート作成に取り組む際に、まず、設問が何を求めているのか的確に把握することが必要となる。表1-5は、全国的にインテリア雑貨の店舗を展開している企業で出題されたエントリーシートの設問例である。この課題からは二つのことが読み取れる。1点目は、店長の役割や立場をどのように推測するかであり、2点目は売り上げを増加させる場合にどのようなことを考えるかである。前者においては「組織論」や「経営管理論」などの学びから取り組むことができ、後者であるならば4P（Product・Price・Place・Promotion）などのマーケティング手法を基に分析することができる。この店がどのような店かわからないというならば、企業研究を基にしてこの企業の平均的な店舗の規模、立地を仮定して取り組めばよいことになる。この設問が求めていることは、大学生の学びを基礎として論理的な分析ができるかどうか、自分の考え方を読み手に伝えられるかどうかであり、決してアイディア競争ではないであろう。エントリーシートの記入に際しては、設問が求める課題を大

表1-6　エントリーシート記入例

> 【設問】あなたが学生生活において頑張ったことや達成したことを記入してください
> 　私はシンガポールの短期語学留学に参加しました。学生時代に一度海外留学をしたいと思ったからです。しかし私には留学資金もなく、英語も自信がありません。もちろん親に甘えるわけにはいきません。そこで私はまず申込をし、出発までの3か月で
> ①TOEIC 100点UP作戦　②アルバイト20万貯金作戦を考えました。
> 　①TOEIC 100点UP作戦については、毎日………（以下略）

出所：筆者作成

050

学での学びを基礎として的確に把握することがまず必要となろう。次に学生が作成したエントリーシートの例を紹介しよう。

表 1-6 は目標管理行動型のエントリーシート記入例である。留学経験は貴重であるが、単に留学した体験だけでは採用担当者の心に響かない。留学経験をどのようにアピールするのか、どのようなチャレンジがあり、その体験で何を得たのかを記す必要がある。重要なことは"Why"と"How"ではないか。エントリーシートの評価だけではないであろうが、この学生は第1志望を含め数社からの内定を得ることができた。

表 1-7 は、飾らない自分の姿を素直に表現した例である。エントリーシートを読むのは企業の採用担当者になる。一仕事終えたときの心地良い疲れと達成感は仕事の上で自分だけが知る満足感であろうか。家路への途中で星の瞬きに気付いたこの学生の感覚は採用担当者の共感を呼ぶであろう。

表 1-7　エントリーシート記入例

【設問】あなたが幸せを感じた経験を記入してください
夜遅く、実験が一段落してから研究室を出て帰る道で空に星が瞬いているのを見つけたときです。無事に終わった、疲れた……（以下略）

出所：筆者作成

そして研究に向き合う学生の真摯な態度や忍耐力、継続力も容易に推測できる。この学生もまた、第1志望の企業から内定を得ることができている。各地の大学にはキャリアセンター等の就職支援部署があり、エントリーシートの書き方を伝授している。教えられた文章は相手の心を打たない。多少拙い文章であっても、自分で考え自分で取り組むことが重要であろう。

■注
1　コンピテンシーとはアメリカの人事評価の考え方で「成果を生む望ましい行動特性」のこと。米国防総省が組織のチーム編成をする際に採用し、90年代半ばから企業に広まった。

第1部　キャリア形成へ向けて　051

ワークシート 1-11

■あなたの研究テーマや力を入れて取り組んだ学習について、その結果何が分かったのかも含めて、記入してください。

ワークシート 1-12

■あなたが当社（この大学等）を志望する理由と、採用された（入学した）場合にどのようなことで貢献したいか述べてください。

第7章 採用面接で求められるコミュニケーション能力

「コミュニケーション能力」は現代の日本で重要視されているスキルの一つと考えられる。ビジネスにおいても交友関係においても「コミュニケーションスキルを身に付けたい」という人は少なくないであろう。新規学卒者の採用においても「コミュニケーション能力」は重視される。日本経済団体連合会が会員企業を対象として実施している調査結果によれば、「選考時に重視する要素」の第1位は「コミュニケーション能力」となっている（図1-10）。では、企業は採用選考に当たり、どのように応募者のコミュニケーション能力の有無を判断するのであろうか。企業が判断する視点を理解することで、学生のみならず若者が日常生活を送るうえで必要とされる、コミュニケーション能力とはどのようなもので、どのように身に付けるか、その方向性を示したい。

図1-10 企業が採用で求めるもの

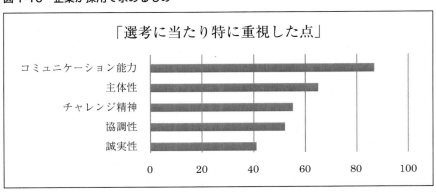

出所：経団連「新卒採用アンケート」調査結果より筆者作成（調査時期2013年11月　回答583社）

1. 採用面接の流れ

　企業の採用活動はどのように行われるのか。指定校制が廃止され、インターネットの普及により大手有名企業の場合、2万人、3万人という多数の学生が応募するという。多数の応募者がいる場合、エントリーシートやWeb筆記試験などで応募者を絞り込む。その後、集団面接、グループディスカッション、個人面接、最終面接といった過程を踏まえ、内定者（10月以前は内々定者）が選出される場合が多いようだ。SPI試験[1]に類する適性検査の実施や小論文を果たされる場合もあり、応募者の多寡や実施時期によっても採用試験の内容は異なる。10月以降の採用の場合、面接試験だけで選考する企業もある。

　応募をする前に、学生は合同企業面談会や個別の企業説明会に複数回参加して、自分が志望する企業、応募する企業を見出す場合が多い。企業も自社の業務や仕事内容を理解した上での応募を歓迎し、企業説明会の参加を応募条件とする場合もある。数社の採用担当者とのヒアリングによれば、企業説明会の時点で学生のコミュニケーション能力に対する評価は、すでに始まっているという。

2. コミュニケーション能力に対する評価

　企業説明会や面接試験において、企業はどのような観点からコミュニケーション能力の高低を判断するのであろうか。企業が求めるコミュニケーション能力の一つは、異なった年代、異なった立場の人たちとの会話ができるか、相手の立場や要望を理解できるかであろう。そのためには、相手の話をしっかりと受け止め把握することが必要になる。筆者が訪問調査した、ある医療福祉サービス業の企業説明会の場合を例に、企業の判断を考えてみよう。

　参加者は事前に申し込み、名札が用意されている。それぞれの場所に社員が配置されており受付での挨拶、会場入室の態度、座る位置、開始までの時間における周囲の参加者との挨拶や交流を見ることで、コミュニケーション能力の有無は容易に判定できる。その後、人事担当者による事業・業務内容説明や先輩社員の仕事紹介などがある。話し手をしっかり見て、頷きなどの反応があり、

必要に応じてメモを取りながら聴く学生は、採用側からは魅力的に映るそうだ。

　全体説明の後、グループに分かれ職場見学や先輩社員との懇談が行われる。小グループにすることで参加者の緊張を解き、質問等をしやすい雰囲気を提供している。その後また集合して全体での質疑応答を行う、このような流れが多いようである。小グループにはそれぞれ先輩社員が配置され参加者を見ている。この質問の方法や内容からも参加者のコミュニケーション能力は判断できる。相手に分かりやすく、答え易い質問を効率的にできるかどうかで判定される。

　質問の流れは、①所属と氏名を名乗る、②参加や説明に対する礼を述べる、③質問の概要や点数を告げる、④質問事項に対する相手の話を確認し、「どのような点が…」「具体的には…」「懸念される点はどのようなことか」等、答え易い質問をする、になる。④において自分が事前に調査した内容からの疑問点を加えれば、より印象が良くなるであろう。同業他社や他業種と比較した質問もポイントが高くなる。応募するかどうかわからない企業の説明会だから、積極的な態度はとれないという考え方があるかもしれない。この考え方は、購入しないお客様に失礼な態度をとる販売員と変わらない。当然企業が求めない人材であろう。

3.　グループディスカッション、面接でのコミュニケーション力

　最近の採用試験では、グループディスカッションという方式を取り入れる企業が多い。これは、応募者を5人から10人ぐらいの小グループに分け一定の時間内に課題に取り組み、その討議結果を発表させるものである。グループの傍らに採用担当者が位置し、参加者の発言やグループ内の態度、対応を記録している。時間内に課題を完成させる遂行力やチームワーク、個人面接ではわかりにくい他者への対応を中心としたコミュニケーション能力、発表の場合のプレゼンテーション能力などが判定される。

　このようなグループディスカッションへの対応も就職支援企業などが、ガイダンスで教えている。参加学生は、回答を出すことに集中するようであるが、

第1部　キャリア形成へ向けて　055

ある企業の採用担当者によれば、チームの中でどれだけ他の人の話を聴き、自分の意見を出しているかに重点を置いて見ているという。ある程度発言が出たところで、それまでの論点を整理し、方向付けをするような発言をする学生は評価が高いそうだ。企業が求めるコミュニケーションの基本も、まず聴くこと、相手を理解することにあるようだ。

　面接試験においてはどのような点が、判定されるのであろうか。集団面接と個別面接で判断のポイントが少し違うようである。集団面接の場合、複数の応募者に対し面接官が質問する。この場合、発言する応募者に自分が用意しておいた回答を先に言われてしまうことが起こる。また、他の応募者の答えに対する意見を求められる場合もありうる。そのような予期しない場合にどのような対応を取るか、この点が一番見られている。同時に他の応募者の話をどのような態度で聞いているかも重要な判断ポイントである。個別面接では面接官により、評価が分かれる場合があるが、集団面接では複数の面接官の評価はほぼ一致することが多く、応募者の絞り込みに適しているという。

4. 個別面接でのコミュニケーション力の発揮

　個別面接の場合を考えてみよう。複数の面接官はそれぞれ1対1の面接をする気持ちで、質問を投げかける。それぞれの面接官は応募者が質問にどのように対応するかを見ながら、その学生の柔軟性、思考力、人となりを知りたいと考える。このどのように対応するかという点がポイントで、時には1点にこだわり深く突っ込んだ質問をしたり、予想もしないことを聞かれたりする。時々不採用になった学生が、志望動機や学業、課外活動など準備していたことに答えられたのに、合格しなかったと悩む場合がある。この場合は、面接の最初の段階で、自社の求める人材ではないと判断されたことが考えられる。そして事前に用意していた回答をそのまま伝えたことで、さらに魅力を伝えられなかったのであろう。

　コミュニケーションは、よくキャッチボールに例えられる。面接の場合、ま

ず面接官からボールが投げられる。この場合に投げられたボールをしっかり受け止めることが面接でのコミュニケーションの基本となる。面接の最初から、核心を突く質問を行うような面接官はまずいない。応募者の緊張を和らげるために、「この会場はわかりましたか」等の質問をする。面接官の気遣いを「ありがとうございます」と受け止め、「HPで地図を確認したうえで、昨日御社の総務課にお電話をし、駅からの所要時間も確認しましたので、すぐわかりました。」と受け止めやすいボールを投げ返せばよい。

　面接で重要なことは、何を答えるかよりもどのように答えるかであり、まさにコミュニケーション力が問われているといえる。では、どのように答えればよいのであろうか。①面接官の質問の意図を的確に把握し答える。意図が理解しにくい場合には、こういうことでよろしいでしょうかと尋ねる。②自分の価値観や判断基準が相手に分かるように伝える。③体験や経験を伝えるときには、最初に短く状況説明をしてから話す。学生時代に頑張ったことを聞かれていきなり「ゼミコンでベストパフォーマンスを取ったことです」ではわからない。

　採用においてコミュニケーション能力を求める一方で、その不足は企業も感じている。前述の川村は日本経済新聞の「新卒者の採用面接で重視するもの」アンケート調査[2]の結果を基に、学生のコミュニケーション能力の不足を分析している。人事トップの回答では採用面接で重視するものは、「自己アピールの中身」54.4%よりも「質問に対する的確な答え」が80.1%と高い。「話せる学生」言い換えれば、質問の意図を的確にくみ取り、相手の求める方向に答えを返すことのできる学生が少なくなっていることに対して、企業側が危惧する様子が窺える。(川村：2013)。

　話の内容と共に態度も重要で、姿勢をただし、面接官をしっかり見ながら反応を返し、相手の反応を踏まえて明るく話すことで印象が良くなる。面接試験の場では誰でもが緊張するが、何度か経験するうちに多少慣れてくるものである。採用試験に合格した学生に面接試験の様子を尋ねると、ほぼ「楽しかった」との回答が返ってくる。「最初から合格すると思った」という学生も多い。コ

ミュニケーションが取れていた証であろう。面接官は、入社後仲間として共に働きたい人材を求めているのであり、その意味では面接試験の場で面接官とのコミュニケーションが良好に保たれる、楽しい雰囲気で会話ができることは重要である。

■参考文献
・川村稲造著『仕事のコミュニケーション論』2013 年　白桃書房
・横瀬勉著『人事のプロは学生のどこを見ているか』2010 年　PHP研究所

■注
1　Synthetic Personality Inventory（総合適性検査）のことで、リクルートマネジメントソリューションズ㈱が提供している適性検査である。企業の入社試験において高頻度で利用されており、2012 年実績では約9，000 社が利用している。
2　2012 年 7 月 16 日付日本経済新聞朝刊掲載「新卒イメージ調査」（回答 136 社）による。

第2部 キャリア形成とコミュニケーションスキル

第1章 — 仕事の基本と効率的な進め方

　せっかく就職しても早期に離職してしまう若者は、どこに問題があるのか。労働政策研究・研修機構の調査[1]（2007年）によれば早期離職した若者が、最初に悩むのは仕事への不満であるという。初職を継続する重要性は、小杉ほか多くの研究者が指摘している。本章では、新入社員が担当する仕事をイメージしながら、仕事のストレスを減らし業務を効率よく進めるために、報告・連絡・相談を中心とした職場のコミュニケーションをどのように構築していくのか述べていく。

1. 職場での仕事に必要なこと

　研修が終わった後、多くの新入社員は職場に配属になり、先輩社員や上司の指導を受けながら業務を担当することになる。企業や団体などで仕事をする場合にまず、①組織対応力、②業務遂行力、③専門知識・専門技能の3点が必要になる。

　①の組織対応力とは、新入社員の場合、自社の経営理念や経営方針を知ることに始まり、組織や各部門の業務、生産販売される製品やサービスの内容、仕事の流れ、顧客や取引先を知ることであり、自分に与えられた業務の位置づけを知ることで、前工程・後工程に迷惑をかけないように仕事を流すことではないか。さらに就業規則を理解し、ルールに沿って仕事をすることも必要である。企業にはそれぞれの仕事のやり方があり、その企業の仕事のやり方を身に付けていくことで仕事をスムーズに進められるようになる。②の業務遂行力は、与えられた仕事の目的を的確に理解し、正確かつ迅速に仕事を行うことであり、③専門知識・専門技能は担当する職務に必要な専門知識・専門技能を身に付け

ることである。新入社員は、職場で求められる専門知識・専門技能は教育の場で学ぶものよりはるかに幅広く、多様であり高度であることを知る。職場によっては専門的な資格の取得を推奨される場合もある。

　新入社員の場合、希望通りの部署に配属されることはまれで、単純な仕事や体力が求められる仕事、アルバイトと変わらない簡易な業務を担当させられることも多い。大切なことは、単純な仕事に思えても新入社員の期間に、仕事の基本的な遂行能力を身に付け、簡易な業務にどれだけ自分の付加価値を付けた仕事をして相手に渡すかにある。

2. 仕事の基本的な進め方

　組織の中で仕事を進める場合、仕事の依頼者も指導者も先輩・上司など、皆人である。外資系生命保険会社の副社長を務める岩瀬は、どれ程成績優秀な新入社員であろうとも、特別な技能や資格を持っている社員であろうとも、依頼した仕事を依頼通りに仕上げてくれるという信頼がなければ、仕事を任されることはないと断言している。新入社員の場合、まず職場の人たちから信頼され、仕事を任せてもらえるようになることが業務遂行の第1歩となると述べており、信頼されることの重要性を説いている。（岩瀬：2011）

　職場の人たちから信頼され、仕事を任せてもらえるようになるためには、どのようにすればよいのか。新入社員の場合、割り当てられた担当職務の他にも、その時々に上司や先輩から依頼される補助的な業務がある。担当職務や随時依頼される業務を正確に行うために、仕事の指示（命令）の受け方をマスターしよう。

① メモを取りながら聴く。
② 5W1H（右図参照）を考えながら最後まで聴く。

表2-1

【仕事の5W1H】

What…何をする
Who…誰が誰に行う
Where…どこで行う
When…いつまでに行う
Why…理由・必要性
How…どのように行う

出所：筆者作成

第2部｜キャリア形成とコミュニケーションスキル　063

③ わからないことを質問する。

④ メモに沿い復唱する。

このような流れが基本となる。仕事の指示を受けた場合新入社員のうちはわかるまで徹底的に訊くことである。

仕事の5W1Hの中で特に重要なことは"When"（納期）と"Why"（理由）になる。「急がないから」「いつでもいいから」と言われても、納期のない仕事はまずないと考えてほしい。納期が明示されなければ「今週中で間に合いますか」と納期を自分で設定し確認を取るとよい。

さらに仕事はできるだけ早く行うことである。そして重要な仕事であるほど、完成形ではなく途中で上司に持って行き修正意見を受けながら完成させる手続きが求められる。完成してからのやり直しは、二度手間になりモチベーションも低下してしまう。仕事を早く行うことと、上司の意向を反映させつつ行うこと。この2点は信頼を得るポイントになる。

次に仕事の指示を受ける場合に"Why"（理由）が伝えられない場合も多い。そのような場合は、直接的に質問するよりも自分が考えた理由を述べ「こういう理由ですか」と確認すればよい。そのようにしても忙しい場合に、上司は丁寧に答えてくれるとは限らない。時間のある時に経緯を説明したうえで周囲の先輩に教えていただきたいとお願いすれば、その理由だけでなく仕事の考え方も教えてくれるであろう。

3. 報告・連絡・相談の重要性

職場でのコミュニケーションは、仲良しグループののコミュニケーションと根本的に異なっている。好き、嫌いではなく、仕事を円滑に進めるための情報共有の側面が重視される。その基本となるものが、「ホウ・レン・ソウ」と呼ばれる仕事上の報告・連絡・相談になる。

報告には終了報告と中間報告がある。たとえ自分には簡単に思える仕事であっても、終了報告は必ず必要である。「タクシーを呼んでください」といった

単純な指示でも「手配しました。〇時に〇〇タクシーがどこに来ます」と報告することで、依頼者の不安をなくし信頼を得られる。仕事に慣れるにつれて、簡単な仕事の場合、終了報告を怠りがちになるので注意しよう。

中間報告はどのような場合に必要になるのか。指示された仕事が長期間に及ぶ場合、予定通り進まない可能性が出てきたときなどには、中間報告が必要になる。出張に出た場合や遠方への外出等も、到着時、用務が終了し帰路につく時点での報告が求められる。勿論トラブルやアクシデントが起きた時には、迅速に仕事の指示者、責任者に報告する。

表 2-2

【仕事のホウレンソウ】
・終了報告…必ず行う
・中間報告…
① 長期間の場合
② アクシデント、トラブルが起きた場合
・状況報告…必要と思われる状況を伝える

出所：筆者作成

次に関連する部署への適切な連絡が必要になる。顧客や取引先は担当者個人ではなく職場、企業を依頼者として考える。関連部署に連絡が届いておらず、お客様からの問い合わせに返答できない場合には、企業としての信頼性が低下してしまう。顧客に対する情報も共有し、自分が不在の場合でも他の人が対応できる状態にしておくことが原則になる。また、こちらの都合だけで物事を進めると、他の部署に迷惑をかけ、協力が得られない事態も起きうるので注意したい。

仕事の上で、相談はどのように進めればよいのか。相談には、仕事の進め方や判断の仕方について尋ねる場合と、個人的な困りごとや悩みを相談する場合が考えられる。先輩社員が感じる新入社員に対する不満は、わからないのに勝手にやって迷惑をかけられることだと言う。最初のうちは、とにかく確認しながら仕事を進めるようにする。その過程で仕事の判断基準や周囲への配慮がわかり、自分の裁量で進めることのできる仕事の範囲、権限の範囲を理解することができるようになる。職場で進められる相談は個人的な困りごとではなく、情報提供と情報交換の役割も持っている。

第 2 部 ｜ キャリア形成とコミュニケーションスキル 065

4. 仕事の効率的な進め方

　職場での仕事は、一つのことだけを実施するわけではなく、複数の仕事を同時に進行する場合が多い。仕事を効率的に進めないと、常に仕事に追われストレスを抱えることになる。仕事を効率的に進めるためにはどのようにすればよいのか。一つは、仕事の遂行速度を速めることであり、もう一つは複数の仕事に優先順位をつけ的確に処理することである。

　仕事の速い人を見ていると、準備、段取りができていることに気付く。ある仕事に取り掛かってから資料を探すのではなく、すべて先に揃え始めることが、仕上がり時間を早くする。その一方で提出したものに間違いの多い人もいる。書類等であるならば、提出する前に必ず誤字・誤変換、脱字がないか、数字は間違っていないか確認しよう。やり直しは、時間のロスになる。

　仕事の優先順位はどのように考えるとよいのか。重要で緊急な仕事をまず行うことを原則として、重要度、緊急度が同じような場合にはどの仕事を先にするのか。相手のある仕事や航空券の予約のように席が確保できなくなる恐れのある仕事を先に行うことが基本になる。忙しい方の場合、面会予約も１か月先、２か月先でないと取れないこともある。自分の準備を終えてから対処するのではなく、相手の都合を確認して自分の仕事の準備を合わせていくやり方が、効率的であろう。取引先に限らず、納期が遅れ相手をお待たせすることは、相手の時間をこちらが浪費することに他ならない。遅れそうだと分かった時点で相手に連絡を入れ、新たな納期を設定する、そして少しでも早く完成させることを心がけることが、信頼を築くことに繋がっていく。

　若いころに職場で出会った先輩は、仕事が速く上司からの信頼が厚かった。上司から指示された仕事をする際に、追加の依頼や別の案件について尋ねられることはしばしば起こる。その様なとき即座に答えが出てくる。ある時どうして上司から聞かれたことにすぐ対応できるのか尋ねたことがある。その先輩は、指示された仕事をするときに先を予測し、変更を予測し、情報を集める、資料を作っておく等準備をしておくのだと教えてくれた。また、何かわからない時

に助けてくれる同僚をたくさん持つことで他の部署の情報が入り、先を予測できるのだと。

効率的に仕事を進める意味においては、コヴィ―の『7つの習慣』で述べられている「緊急ではないが重要な用件」に割く時間も重視してほしい（スティーブン・R・コヴィー：1996）。ともすれば目先の急ぎの仕事に時間を奪われるが、自分のキャリア形成にとって意味のある、キャリアの土台ともなることには意識して時間を使いたい。

職場では一人で仕事をするわけではなく、自分の担当する仕事は繋がっており、依頼され、お願いし協力を仰ぎ完成する。その過程において周囲の人や関係先と報告・連絡・相談等のコミュニケーションを取ることが重要になる。

5．Must・Can・Will の考え方

まず、報告連絡をきちんと行い指示された仕事を進めたのち、キャリア形成はどのように進むのであろうか。学習院大学の今野は技術者の仕事を例にして、第1段階から第4段階の仕事を説明している（今野：1991）。

第1段階　仕事の基本を覚える（社内外の事情を覚え、指示された仕事を行う）

第2段階　アシスタント技術者（上級技術者の指示の下での部分的なテーマの開発業務）

第3段階　一人前の技術者（小プロジェクト・チームの責任者として部下に対して一定の管理権限を持つ）

第4段階　第一線の管理者（課長レベルの地位に就き第一線の開発管理者となる）

今野は、技術者の仕事として説明しているが文系の管理的業務についても同じような流れを取るであろう。まず指示された仕事を遂行する中で、仕事のやり方の基本や社内外の事情を理解する。次に上司・先輩の補佐として部分的な仕事を任され、認められるとチームの責任者として少し大きな仕事を任される。このあたりになると、あれこれ考え自分のアイデアが生かせるようになる。

自分がやりたい仕事はどのようにすればできるようになるのか。リクルートワークス研究所の豊田は、「Must・Can・Will」の考え方を説明している。まず目の前のしなければならない仕事（Must）に全力で取り組む、そうすると、できること（Can）がだんだん増えてくる。その中で自分のやりたいこと（Will）が見えてくるとの説である（豊田：2010）。

　筆者は学生に「Must・Can・Can・Will」とまずやらなければならないことをしっかり行い、その中でできることを増やし、できることの延長線上に、またはできることを生かしてそこからやりたいことを見つけるように説明している。

■参考文献
・岩瀬大輔著『入社1年目の教科書』ダイヤモンド社　2011年
・小杉玲子・原ひろみ著『非正規雇用者のキャリア形成』勁草書房　2011年
・今野浩一郎著「技術者のキャリア」小池和夫編『ホワイトカラーの人材開発』東洋経済新報社　1991年
・豊田義博著『就活エリートの迷走』筑摩書房（ちくま新書）2010年
・中澤二朗著『働く。なぜ？』講談社（講談社現代新書）2013年
・Steephen R Covey 川西茂訳『7つの習慣』キングベアー出版　1996年

■注
1　労働政策研究・研修機構「若年者の離職理由と職場定着に関する調査」（2007年）

ワークシート 2-1

■上司から新聞を持ってきてくださいと言われました。
　上司に質問することを記入してください。（付加価値も考えましょう）

ワークシート 2-2

■上司から月曜の夕方大阪に出張するので列車を予約してくださいと言われました。
　上司に質問することを記入してください。（付加価値も考えましょう）

ワークシート 2-3

■上司から金曜日に取引先の方がいらして会議をするのでお弁当を注文してくださいと
　言われました。上司に質問することを記入してください。（付加価値も考えましょう）

第2章 — 組織の中での仕事とコミュニケーション

　新入社員の仕事が、主として指示を受けた仕事を正確に行うことに力点が置かれるとすれば、その後に任される仕事は、自分の担当職務が決まり職場内の関連する部署や取引先と連携を取りながら、スケジュールを作成し進めていくものが多くなる。前者の場合、仕事の指示者と1対1のコミュニケーションをとることで、仕事の遂行が進むが、後者の場合は自分の担当職務に対し関わる人々の範囲が広がり、職場内外の相手の立場や仕事に配慮したより広い範囲のコミュニケーションを取ることが求められる。本章では、割り当てられた担当職務を自分で考え進めていく場合に必要となる、コミュニケーションの取り方を考えていく。

1.「修業時代」と「収穫時代」

「自分のやりたい仕事ができない」、「努力して一生懸命やっているがなかなか成果が出ない」、「毎日遅くまで仕事をやっているのに、給料が少ない」筆者のもとに相談に来る若者がよくもらす不満である。日本企業はメンバーシップ型採用をするために、経験のない新規学卒者を採用し、自社で教育訓練を行い、様々な経験をさせることで育てていく。欧米で多く見られる最初から担当職務が決まっているジョブ型採用とは異なり、若い時期にやりたい仕事をやらせてくれるわけではない。

　給料への不満に対して、伊藤忠商事㈱で社長を務めた丹生宇一郎氏は、在職当時、新入社員に対し「君たちはお金をもらって会社で仕事を教えてもらい、鍛えられている。給料をもらうなんで話が逆であろう。会社がもらいたいくらいだ。」と話していたという。入社から2,3年は雑務をこなしているだけで、

会社に利益をもたらすことはない。3年目くらいからようやく自分で仕事を進めることができるようになり、給料を払ってもいいかなと思うぐらいの仕事ができるようになるという（丹生：2010）。

　経営コンサルタントを務める塩野は、仕事人生はざっくりと「修業時代」と「収穫時代」に分けられると言っている。修業時代は、たとえ報酬が安くても経験を積むために働き、興味のあるビジネスに関わり経験値をためる時期であり、収穫時代というのは、歳を取り体力が落ちてきたころに、今まで培った自分のノウハウや人脈を使うことで、体力勝負で働かなくても十分に稼いでいける時代であるという。若いうちから成果の刈取りを急ぐと実力不足でうまく収穫できないことがあり、一方で歳を取ると管理業務やライフイベントも増え、100％担当する仕事に邁進できるかというとそれも難しいので、今までに培ったものを使い収穫したほうが楽であるという（塩野：2013）。この修業時代と収穫時代という考え方には筆者も賛成である。若い時代は、頼まれた仕事、与えられた役割を何でもこなすことで力をつけ、大きな収穫に結びつけることができる。

　修業時代に仕事をやり遂げる重要性について、リクルートワークス研究所の大久保は「筏下り」型のキャリアデザインと述べている。初級キャリアでは目の前の課題に全力で取り組み、経験と出会いを身に付けることが大切で、「筏下り」期間に得た経験と出会いを基に自分の専門領域を特定し、専門力を高めることは望ましいキャリアデザインのあり方だという。

　では、修業時代や筏下りをする際に、何をどのように身に付けていくのか考えたい。

2. 職務権限の範囲を知る

　新入社員のうちはいろいろな雑務を処理し、組織での仕事のやり方、報告・連絡等のポイントを身に付けていく。そのうちに自分の担当として仕事が割り当てられる。随時指示されるほかの仕事もこなしながら、自分で計画を立て他

部署と調整しながら進めていくことになる。ここでは表2-3のケースを例として、任された仕事を遂行する上での留意点を考える。

　このケースでC子さんの仕事の進め方は、どこに問題があるのか考えてみたい。まず自分が担当を引き継いだ時点から、仕事を勝手に自分だけで進めている点である。次に上司の課長や各部・営業所の担当者、および経理課担当者に対しての連絡不足があげられる。さらに、「自分は残業して一生懸命やったのだから悪くない。悪いのは連絡したのに提出してくれない営業所の担当者や経理課の担当者である」と周囲に責任を転嫁し、反省がないことである。

　組織の中の仕事は、すべて上司の裁量の下に行っている。この場合先輩から仕事を引き継いだ時点で、各部・営業所に担当者の変更をどのように連絡すればよいか上司に相談することから始める。おそらく、各部長・営業所長に上司

表2-3　仕事の報告・連絡・相談例

　C子さんは入社2年目の社員です。C子さんの会社には、本社に4つの部があり営業所が7つあります。先月、育児休職をする先輩から、各営業所と本社の出張旅費や交通費の精算の仕事を引き継ぎました。毎月月末までに各部・営業所から出張旅費精算や交通費の書類を送ってもらい、集計して5日までに経理へ回します。10日に経理から入金明細の書類を受け取り、本社と営業所の担当者に送り、間違いがないか確認を受け、経理の担当者に15日までに報告します。この報告を基に経理担当者は25日に、対象社員の口座に立替え出張旅費や交通費の振込をするという段取りです。

　ところが引き継いだ月の月末になっても2つの営業所しか書類を送ってきません。部長・営業所宛に「出張旅費や交通費の精算書類を送って下さい」とメールを送りましたが、3日待っても何も言ってきません。電話をしても担当者が代わったり、休暇を取っていたり、結局、すべての部・営業所から書類が届いたのは12日になっていました。2日間残業して経理に持っていったところ、出張旅費・交通費の支払は来月扱いになると言われました。各部・営業所の担当者にメールで支払は来月扱いになることを連絡すると、困ると言われました。翌朝、課長に呼ばれました。営業所長から課長宛に苦情があったそうです。「なぜすぐ報告しないんだ」C子さんは「各営業所の人がなかなか送ってこなかったので、2日間も残業して一生懸命やりました、でも経理の人が忙しいから遅れたものは駄目だと受けつけてくれないんです」と言いましたが、課長はわかってくれませんでした。

（出所：筆者作成）

名での文書、またはメールを流し担当者の交替と、各部署での出張旅費事務担当者の変更確認依頼を連絡する内容になる。上司の仕事を軽減するために文書案は自分で作成し、承認だけを得る形が望ましい。

　次に各部・各営業所の出張旅費精算担当者とコミュニケーションを取ることが必要になる。

　前任者の先輩には協力して早めに書類を回してくれていても、自分にその通りにしてくれるとは限らない。担当者に就任の挨拶とスケジュールを記して協力を依頼しよう。経理の担当者にも、出張旅費精算担当を引き継いだことの挨拶をする必要がある。この時点でできればメールだけでなく、電話での直接的なコミュニケーションを取ったほうがより効果的である。協力依頼の挨拶をした時期と提出日に間があるようならば、1週間ぐらい前に依頼事項の確認メールを送る。仕事を進めるときには、念には念を入れ、関わりのあるすべての担当者に連絡をするぐらいの気持ちで行うとよい。

　ここまでの準備をしても、期日までに提出がない部署が出てくる可能性はある。月末までに提出がない部署にすぐメール並びに電話を入れる。この時に「急いで出してください」ではなく、いつ出せるかを確認する。同時に相手を責めるような言葉づかいをしないことも重要である。提出書類がそろう期日に見込みがついたところで、経理の担当者に連絡する。当然初めての仕事を心配しているであろう、上司にも見込みを連絡する。

　このケースのように、自分の事前準備、連絡不足で期日までに提出書類が届かなかった場合は、どのようにするのか。すぐに上司に連絡し、これまでの経緯を説明して対処してもらうことになる。自分の依頼では動いてくれないことでも、上司からそれぞれの部署の責任者へ依頼すれば、処理してくれることが多い。これも上司の仕事の実力の一つである。

　最終的に経理に書類を提出し、出張旅費等が25日に振り込まれる見込みがついたところで、また上司に感謝と報告を行う。各部・営業所の担当者にも協力感謝と併せて報告のメールを送りたい。今回は社内の仕事を例にして考えた

第2部 キャリア形成とコミュニケーションスキル　073

が取引先とのやり取りも基本は同じであり、常に上司の了解を取りながら進めていくことが必要である。最初は一つ一つ上司や関係者に確認を取り進めていくが、実績を重ね信頼されると任されることが多くなる。任された場合においても、要所の報告や確認は忘れないようにしたい。

3. 業務の範囲を拡大する

担当職務に慣れてきたら、次は仕事の範囲を拡大していくことを考える。仕事の拡大は、今担当している仕事の質を高める方法と、業務範囲を広げる方法が考えられる。この二つはどちらも必要なものである。

まず、仕事の質を高める方法について、前述の出張旅費精算の仕事を例に考えよう。最初は前任者から引き継いだとおりに、ミスなくこなすことに力を尽くす。3、4回担当してみて、やりにくいところ、無駄があると感じるところ、もっと速くできると感じるところはないであろうか。このように担当している仕事のやりにくさを修正し、効率を上げることを考える、まさに仕事の改善提案である。

改善の基本ステップは

① 現状を確認する（数値化するとよい）

② 問題点を把握する（やりにくさ、効率の悪さ、経費の増加など）

③ 改善案を作成する

④ 改善案について関係者の意見を集める（上司も含め賛同者を多くする）

⑤ 具体的な改善策の実施プランを立てる

⑥ 職場の会議等で提案する

となる。改善は自分だけを利する場合には賛同は得られにくい。職場全体に利益があるような案を考え、最小のコスト、最小の変更で実施できるようにすると賛成者、協力者が増えて実現しやすく成る。

仕事の改善提案と共に、担当できる職域の幅を広げることを心がける必要がある。仕事の幅はどのように拡大するのか。身近なことでは、自分の周囲にい

る人の雑用を手伝うことから始めるとよい。勿論そのためには、自分の本来の業務を効率的に行い、時間を作る必要がある。自分の時間を空け、最初は雑用でもよいので積極的に他の人の業務を手伝うことで、他の仕事のやり方や他部署の業務も理解できる。また、社内の会議や研修会に積極的に参加するほか、外出する人に差し支えない範囲で同行させてもらうという方法もある。職務に関連する資格取得に挑戦することもよいであろう。自分のやりたい仕事を担当できるようにするためには、与えられた仕事を精一杯行うとともに、図2-1のように自分の仕事の幅を広げ専門性を深めることで、仕事の実力を表す三角形を大きくしていく努力が必要である。

図2-1 「仕事の幅と深さ」

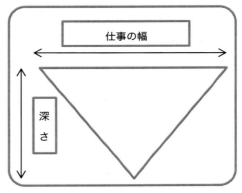

出所：筆者作成

■参考文献
・大久保幸夫著『キャリアデザイン入門Ⅰ』日本経済新聞社（日経文庫） 2006年
・塩野誠著『20代のための「キャリア」と「仕事」入門』講談社（講談社現代新書） 2013年
・丹羽宇一郎著『若者のための仕事論』朝日新聞社（朝日新書） 2010年

ワークシート 2-4

■あなたの仕事や大学での勉強の中で、時間がかかり予定通り進まないことをあげ、
　その理由と解決策を考えてください。

［事例］

［理由・原因］

［解決策］

ワークシート 2-5

■あなたの職場や大学では食堂が狭いので、昼になるといつも長い列ができます。また、
　メニューが定食中心で量も多いので女性社員（女子学生）からは評判が悪いので、あ
　なたは飲み物とサンドイッチ、パスタなどの軽食を提供するカフェを作ることを提案
　したいと考えています。どのように進めるか、提案方法を考えてください。

第3章 上司・先輩との良好な関係づくり

　職場はいろいろな人が集まり仕事をする場である。年齢も違えば、役職や担当する仕事、家庭環境も価値観も異なる。違いがあることで相互啓発の効果も生まれ、新しい考え方や相乗効果を期待できるわけであるが、早期離職をする若者の原因の一つに、上司や先輩との人間関係のストレスがあげられている。筆者が福井県で働く若者を対象として実施した調査では、入社5年目までの若手社員の中で、約4割の社員が離職を考えたことがあると回答している。そして就業を継続するうえで、上司や先輩に相談し助言を受けることが力になると答えている（第1部第2章参照）。

　上司や先輩との良好な人間関係は、職場での仕事を進めやすくするばかりでなく今後のキャリア形成にも影響を与えていく。本章では、上司・先輩との良好な人間関係をどのように築いていくのかを考えていく。

1. 上司・先輩の若手社員に対する不満

　早期離職をした若者は、その理由として職場の上司・先輩との人間関係のストレスを上げる場合が多い。一方で職場の先輩や上司も新入社員とのコミュニケーションにおいてはかなり不満や不安を持っていることが報告されている。

　ダイドードリンク㈱（本社大阪市）が、2012年に働く大人を応援したいと発足した「ダイドー大人力向上委員会」は20代から50代の働く男女1,000に対し職場のコミュニケーションに関する意識調査を実施した。2014入社の新入社員に対する考え方を尋ねたものが図2-2になる。20代から50代の働く男女の半数弱が、新入社員に不安を持っていることがわかる。どのようなところに不安を持っているのか。不安の中身を尋ねたものが、図2-3になる。

第2部｜キャリア形成とコミュニケーションスキル　077

先輩や上司はビジネスマナーや敬語ができていないことよりも、新入社員が「何を考えているかわからない」「うまくコミュニケーションが取れなさそう」ということを不安に思っていることが読み取れる。

筆者の勤務する職場でも、コミュニケーションの取りにくさをしばしば感じ

図 2-2　先輩社員が新入社員に感じる不安

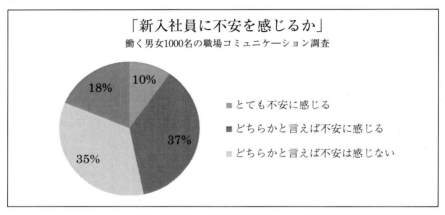

出所：ダイドー大人力向上委員会アンケート調査より筆者作成（2012 年）

図 2-3　先輩社員は若手社員をどう見ているか

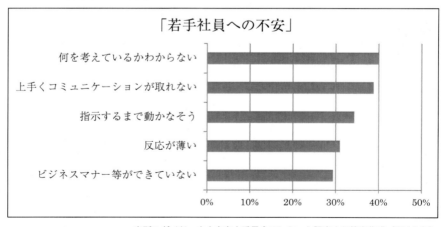

出所：ダイドー大人力向上委員会アンケート調査より筆者作成（2012 年）

ることがある。例えば、「A社様、今日の〇〇説明会いらしているの」と尋ねると、「B社です」とそっけない返事が返ってきて、何か後味の悪い感覚やこの人とあまり話をしても共感できないのではとの思いを持つ。コミュニケーションという意味であるならば、まず訊かれたことに対して「今日は、A社様はいらっしゃいません。」と応じ、「B社様がいらっしゃいます。と補足して、「A社様に何か御用がおありですか。」とこちらの質問の意図を確かめてくれると仕事はスムーズに進む。若手社員は、せっかくコミュニケーションの機会を作ろうと懇親会を設定しても、個人的な用事で断るなど仕事を離れた交流を避けることが多いそうで、困ったものだとの声を聴くことも多い。筆者の職場でも同じである。

　では、上司はどのような部下、若手社員を好ましいと感じているのか。㈱リクルートがIT関連企業の若手社員を対象にした調査[1]によれば、好きな部下の条件として、第1位「積極的に新しい提案や挑戦をしたり、成長意欲があること」(65.3%)、第2位「頼ってくれる、よく話しかけてくれる」(48.7%)、第3位「いつも元気がよく笑顔でいること」(47.7%)となる。ここでも仕事を遂行するうえでのコミュニケーションと共に、働く仲間としてのコミュニケーションを取ることの2つの側面が求められていることがわかる。「話しかける」、「笑顔でいる」ことは上司・先輩に関わらず、相手とコミュニケーションを取る際の基本スキルであるから、ぜひ職場では実践してほしい。

2. 若手社員の上司に対する不満

　上司や先輩も新入社員や若手社員の態度や仕事への意欲に不満を持つが、若手社員は上司にどのような不満を持っているのであろうか。図2-4は前述のIT関連企業のアンケート調査による嫌いな上司のタイプである。筆者が講師を務めた「若手社員の仕事力向上講座」(2013年、2014年開催)の参加者からも同じような不満が聞かれた。若手社員の主張が正しいならば、これらの不満は上司との人間関係というよりも、上司のマネジメント能力が不足している

ことが原因のように思える。

　職場の上司がこのように、上司としての資質に欠ける場合はどのように対処すればよいのか。前述の齋藤は自分一人で悩まず、職場の仲間と共通認識を持つことを勧めている。同じように上司の対応に悩みを持つ同僚が集まり、感情ではなく具体的に困る事実を話し合う。困っているのは自分だけではないということがわかり、気分が楽になる。次に、共同戦線を取り会議の場などで、「このようにするのは課長のご指示でよろしいのですね。」と事実を確認して責任の所在を明らかにする方法である。この場合もあくまで上司への対応になるので、責めるような言い方はせず、上司と認めて話すようにしたい。

　若いころ筆者が職場で体験したことである。このように責任を部下に押し付ける、口ばかりで何もしない課長に皆が困っていた。ある時、部長に困っていることを相談した。部長はその当時の職場でその課長のことで部下が困っているのは、皆わかっているとおっしゃった。課長が天井のように思えるかもしれないが、穴が開いていて部下の様子は上位者からは全部見えている。もし課長が優秀であれば、君たちの頑張りや成果は全部課長の手柄になる。課長の能力に不足しているところがあるのはわかっているので、〇〇課は君たちが頑張っ

図 2-4　若手社員が嫌いな上司のタイプ

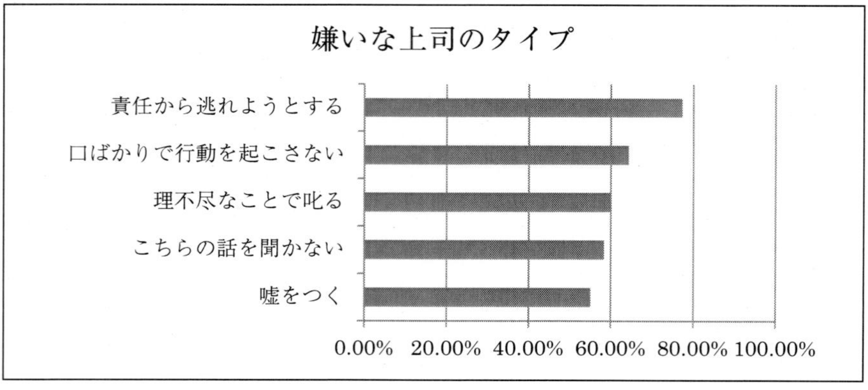

出所：IT業界勤務若手社員総研㈱アンケート調査より筆者作成（2013 年、回答数 258 名）

ているから成果を出しているのだと思っている。「どうしますか、課長に何か伝えますか。」と聞かれ「結構です」とその場を去った。

上司に不満を持つことはよくあるが、上司を動かすことも部下に求められる力の一つである。上位の役職に就き仕事ができると評判の方にお話を伺言うと、若いころに優秀な上司と出会ったというよりも、困った上司と出会い苦労したことが役に立っているとの経験を話される方が多い。上司とそりが合わないと感じることがあったら、少し上司との関係を客観的に見ることで、悩みを減少させてはどうであろうか。

3. 上司や先輩との人間関係づくり

若手社員が好きな上司は、どのようなタイプなのか。前述の調査では、第1位「リーダーシップがある」（71.3％）、第2位「最後に責任を取り、部下を守ってくれる」（62.3％）、第3位「決断力がある」（56.3％）に続き第4位に「気軽に話しかけてくれる」となっている。

若手社員は基本的には力強く部下を引っ張る頼れるリーダーを求めているが、同時に親しみやすさも求めているようだ。

若い時期に、良い上司や先輩との出会いが所属する職場の中にあれば、人間関係を作ることは比較的やさしい。その様な出会いがない場合には、どのようにすればよいのか。まず出会いの場を積極的に作ることであろう。組織の中であるならば、スポーツ大会、忘新年会等に積極的に参加して交流を増やすことをお勧めする。職場横断のプロジェクトチームなどにも積極的に参加すると新しい出会いが持てる。経営コンサルタントの吉田は「部下力」という言葉を用い、よい上司を望むだけでなく、自分から上司を動かす、上司を変える力が必要であると述べている。同時に、出会いの機会を広げメンター[2]を持つことが仕事力を高めることにつながると言っている（吉田：2006）。

上司や先輩に相談する機会を持つことが、離職防止に役立つであろうことは、第1部の第2章で述べた。相談をする場合に、モチベーションアップを期待

第2部｜キャリア形成とコミュニケーションスキル　081

するのか、メンタルヘルスからのサポートを求めるのかにより、相談を受ける側の対応は異なってくる。野村総研研究所でメンタルヘルスに関わる研究を行っている見波は早期離職の原因が職場のストレスなど、メンタルヘルスにあることも多いと指摘し、部下のストレス耐性を高めることも上司の役割であると指摘している（見波:2007）。一人で悩まず、まず相談することが大切であろう。

■参考文献

・見波利幸著『新入社員早期離職の防止のためにできること』税務経理教会　2007年
・吉田典生『部下力ー上司を動かす技術ー』祥伝社　2006年

■注

1　㈱リクルートが実施したIT企業社員を対象に実施した「好きな上司部下・嫌いな上司部下」アンケート調査。対象25歳から39歳までの若手社員合計300名。
2　メンター（Mentor）とは、良き助言者、指導者、顧問という意味である。ギリシャ神話に登場する賢者メントール（Mentor）が語源である。

ワークシート 2-6

■あなたはどのようなタイプの上司や先生が苦手か考え、対処法を記入してください。

［事苦手なタイプ］

［対処法］

ワークシート 2-7

■あなたが好ましい、または望んでいるタイプの上司や先生を上げ、相手から注目されるためにとる行動を考えてください。

［望むタイプ］

［対処法］

第2部 キャリア形成とコミュニケーションスキル　083

第4章 顧客とのコミュニケーション

　営業・販売の担当者だけでなくとも顧客や取引先と話す機会は多くある。初対面のお客様と何を話せばよいのかわからない、お客様に商品をうまくお勧めできない等、用件は伝えられるもののそれ以外の話がうまくできないと悩む若者も多い。顧客との会話はコミュニケーションの基本であり、会話の中での情報交換や確認の不足は、時にはクレーム発生の原因ともなりかねない。本章では、新入社員を中心とした若手社員がどのようにすれば顧客との会話力を高めることができるのか考えていく。顧客との会話力が高まり、ニーズ把握や情報提供を怠りなく実行することは、仕事力の向上にもつながるであろう。

1．初対面の顧客との会話

　新入社員のみならず、初対面の顧客とどのように会話をすればよいのか悩む人が多い。ここでは、訪問する場合や来客を迎える場合について、会話の糸口と進め方を考えていきたい。まずメラビアンの法則[1]として知られるように、視覚から相手が受け取る第1印象を良くすることである。身だしなみを整え、姿勢をただし、笑顔で挨拶することで相手の印象は良くなる。勿論、遅刻は厳禁である。初めての訪問の場合に、応接室に通されてからの流れを考えてみよう。

　① 応対者が入室し、立ち上がり挨拶、名刺を交換する。

　② 席を勧められ着席する。

　③ その場、その時に適した雑談をする。

　④ 用件を切り出す。

　⑤ 用件をまとめ、確認をして辞去の挨拶をする。

大体このような流れになる。

（訪問のマナーについてはスキル編を参照されたい）

　初めての訪問であれば、入室から辞去までおよそ30分を目安に考えたい。この流れの中で、着席してすぐに用件を切り出すのでは唐突であるから、③の雑談がポイントとなる。雑談では初対面の相手の考え方や行動特性・価値観の一端を把握できるほか、自分を知ってもらう効用も期待できる。では、どのような話題を持ち出せばよいのであろうか。右図を参考にしてほしい。初めての訪問であるなら「ド」を使い「インターから近いですね、

表 2-4

┌─────────────────────────┐
│　　　　【会話の糸口】　　　　　│
│「キ」季節の話題　　　　　　　　│
│「ド」道路・交通事情　　　　　　│
│「ニ」ニュース　　　　　　　　　│
│「タ」旅の話題　　　　　　　　　│
│「テ」天気の話題　　　　　　　　│
│「カ」家族の話題　　　　　　　　│
│「ケ」健康の話題　　　　　　　　│
│「シ」趣味の話題　　　　　　　　│
│「衣食住」衣食住の話題　　　　　│
└─────────────────────────┘

出所：筆者作成

5分で着きました」、「住」を使い「新しい社屋ですね、お建てになってどのくらい経ちますか」などが考えられる。こちらの問いかけを受けて、相手側が何らかの返答をしてくれるだろう。この短い会話の中で相手の今回の訪問に対する受入れ意識も把握していく。雑談の基本はプラス思考で話題を提供することで、「遠いですね」「古いですね」は好ましくない。雑談は 2,3 分から 5 分程度にとどめ、訪問用件に入っていく。

2．まず、聴き上手を目指す

　新入社員をはじめ、その職務における経験年数が浅い場合には、製品・商品に対する知識を十分保持しておらず、そのことがお客様に対する積極的な会話を避ける要因ともなっている。会話は自分ばかりが話すわけではない。まず聴き上手を目指し、お客様のお考えや情報を収集する気持ちで聴くことから始めていくとよい。

　聴き上手を目指すには、相手の話に対してさらに相手の話が進むような相槌を打つことがポイントになる。「はい」だけではなく、「それでどうなったので

第 2 部　キャリア形成とコミュニケーションスキル　　085

すか」「どうしてそう思われたのですか」と、話を進めていく。同時に相手の話を聴きながら、この人は話すスピードが速い、ゆっくりである、声が大きい、小さい、身振り手振りが入る、入らない、端的に話す、理由説明をしながら話すなど相手の話し方を観察する。次に相手の話を受けてすぐに質問を返すのではなく、まずしっかり受け止める。「…なさったのですね」と受け止めて、「さすが…ですね」のようなほめ言葉が入ればなお良いであろう。

　まず相手の話を聴くことで、相手の興味や関心を把握できる。会話を進めるためには相手の指向に合わせることが基本となる。製品や商品知識の不足は次回までの宿題として預かり、その後調べて返答することで補うことができる。

　怖がらずに、まず相手との会話に1歩踏み出してほしい。

3. 顧客のニーズを把握する会話

　ショッピングセンターやデパートで商品を見ている際に、「いかがですか」「何をお探しですか」と声をかけられて困った経験はないだろうか。このような場合には、何も答えず店を後にする客が多いであろう。初めてのお客様や見知らぬ人に声をかける場合には、いきなり話しかけず挨拶から始めることが原則である。開園して30年近く経つ東京ディズニーリゾートのキャストと呼ばれるスタッフは、「いらっしゃいませ」ではなく「今日は」「今晩は」を挨拶の基本としている。「今日は」の挨拶は、お客様も「今日は」と挨拶を返しやすいからだ。初めてのお客様には、ディズニーリゾートのようにお客様が返しやすい言葉を投げかけることがポイントになる。

（1）Yes,No質問で会話を深める

　挨拶の次に進める会話においては、Yes,No質問が役に立つ。「何をお探しですか」ではなく、「今日はお買い物ですか」「お車でいらしたのですか」のようにお客様が「はい」と答えて下さるような質問をする。このYes,No質問を2,3回続けることで、お客様に拒絶されずに会話を続ける雰囲気が作れる。

(2) W・H質問でニーズを探る

お客様との会話が少し続いたところで、ニーズを探り販売や営業を成功させる方向に話を進めたい。この場面では"What""Why""How"といった、W・H質問が役に立つ。この場合もいきなり「何を」「なぜ」ではなく、前置きをつけて「今の季節は〇〇を探しているお客様多いのですが、お客様の場合はどのような…」「最近〇〇でお困りの企業様が多いのですが、御社ではこの件についてはどのように…」とお客様が答えやすいように質問をする。

(3) 返答に迷うときはミラーリング技法を使う

お客様から尋ねられた、要望された事柄に対してその真意が把握できず、どのように答えるか迷う場合がある。例えば、「自店で取り扱っていない商品を探している」とおっしゃった場合、「こちらの提示した額の半分程度の予算だ」と言われた場合などである。このような場合は、すぐに「扱っておりません」「その後予算ではとても無理です」とこちらの事情を答える前に、お客様の言葉をそのまま返すミラーリングの技法がある。

例えば、30万円の見積り提示に対してご予算が15万円であると言われたような場合、無理だという感情を入れず「15万円ですか」と言葉を返す。おそらくお客様のほうから補足説明を行うであろうから、こちらは支払方法を検討するのか、機能を下げた製品を提案するのか、今回の商談は成立の見込みがないと判断するのか、対応策が考えられる。つまり相手の考えを推測する材料を探し、それに応じて対処を探す方法である。仮にお客様のご要望を受け入れることができない場合においても、お客様のご事情や考え方に対して共感や承認の言葉を与えることに繋がり、よい関係を築くことができる。

4. 自分の話題の引き出しを増やす

新入社員の場合、顧客との会話の糸口は見いだせたものの、そのあとの会話が続かない場合が多い。会話はキャッチボールに例えられる。こちらから季節

の話題を投げかけ、相手から話を返されたときにまたよいボールを投げ返さなければならない。言い換えれば、こちらもその話題に対して投げ返す材料を持っていることが必要になる。そのためにはどうすればよいのか。

① 自分の得意な話題を2つぐらい見つけ、そのことに対して情報収集を行い、得意な話題を作る。

② 新聞を毎日読む、ニュースを聞くことにより相手が関心を持ちそうな材料を集めておく。

③ 新聞、雑誌等で顧客企業の情報や顧客の住む地域の情報を集めておく。

④ お客様との会話の中でよく知らないことが出てきたら、すぐに調べ知識を増やす。

⑤ 社会の出来事に関心を持ち、自分の行動範囲、交流範囲を広げていく。

以上のような手順で自分の会話の引き出しを増やすことが、必要になる。コミュニケーションをとる場合には、話し方だけではなく話の内容がないと、相手は興味を持たず会話は長続きしない。

海外勤務が長い方のお話を伺うと、海外に駐在員として赴任する場合に、語学力の向上と共にその国やその都市の歴史を調べることは必須であるという。仕事以外の話の中で赴任地に対する考え方や人間性が評価され、深いお付き合いができるのだという。顧客との人間関係を構築する場合に、企業として製品やサービスを提供することと併せて、担当者としての自分の評価は、言葉遣いや話し方、マナーと共に会話の中身で決まるともいえる。

■参考文献
・香取貴信著『社会人として大切なことはみんなディズニーランドで教わった』こう書房　2002年
・トム・コネラン著　仁平和夫訳『ディズニー7つの法則』日経BP社　1997年

■注
1　アメリカの心理学者アルバート・メラビアンが説いている、人物の第1印象は初めて会った時の3～5秒で決まり、そのほとんどを「視覚情報」から得ているとの説。

ワークシート 2-8

■会話の糸口「キドニタテカケシ衣食住」を使って、挨拶のあとの会話を練習しましょう。

ワークシート 2-9

■初対面の人（お客様）と会話をするときに、相手が答えやすいYes・No質問を考えましょう。

ワークシート 2-10

■Yes・No質問をした後に、前置きをつけて入社・入学理由や自動車その他の持ち物の購入理由を聞き出す質問を考えましょう。

第5章 — 会議・ミーティングへの参加と進行

　新入社員は職場に配属されると、職場では会議の多いことに驚くであろう。経験の浅い時期においては自分が出席する会議はそれほど多くない。プロジェクトのリーダーを任される、主任、係長、課長、部長と職位が上昇するにつれて出席する会議も増加し、自部門が主催する会議では進行役を担う場合も多くなる。

　会議においても他の出席者の発言を正確に受け止め、自分の意見を他の出席者に明確に伝えるためのコミュニケーション能力が求められる。本章では会議の内容を理解し、会議の場での発言の注意点を考えることにより、会議参加が有効なものになるようにしていく。同時に職場内外の少人数でのミーティングを進行するうえでの留意点も考える。

1. 会議の性質を理解する

　どこの会社でも「会議が多い」「会議が長い」「肝心なことが決まらない」等の不満を耳にする。会議はその内容からおよそ次の4種類に分類される。

① 決定するための会議

　来期の事業計画を決定する、受賞者を決定する、各部の委員を決定するなど、決定することが目的の会議である。この場合には、多数決なのか全員の合意が必要なのか、決定の方法が明確になっていることが必要である。

② 解決策を見出す会議

　議論し解決策を検討する会議である。この場合は、現状と問題点を参加者全員が共有できるように事前および会議の席に必要なデータを準備しておくことが必要である。

③ アイディアを出す会議（ブレーンストーミング[1]）

　新製品のアイディアを出す場合などに開催されるアイディア会議である。アイディア会議では他者の発言について、批判は行わないことが原則になる。ファシリテーター（進行役）は出されたアイディアをまとめ一定の方向付けをすることが必要になる。

④ 伝達・説明会議

　新規制度の説明、来期事業計画の説明、新製品や業界動向の説明など、伝達・説明を目的とした会議である。質疑応答は行われるが、議論をする場ではない。

2. 会議の参加と発言

　会議に参加し、発言することは自分を認めてもらえるチャンスともなる。この節では、会議出席の準備と心構え、発言の留意点を理解し、積極的に会議の場で発言できるようにする。

　事前に配布された資料は必ず目を通し、論点を把握して出席しよう。説明型の会議であっても、疑問点はメモして質問ができるようにしておく。当日は、10分前には会議室に到着する。初回の参加時は、ファシリテーター初め他の出席者に所属と名前を告げ挨拶する。当日配布される資料に目を通し、今回の会議の主旨、目的を理解し、質問事項もメモをしておく。

　会議中は、メモを取り終了後に自部門に戻り報告できるようにする。特に決議されたのか、継続審議になったのか、自部門に持ち帰る課題は何かを明確にしておく。会議中の発言は、許可を取り「○○について2点質問があります」のように簡潔に行う。

3. 会議・ミーティングの進行

　会議・ミーテイングの準備、進行は以下の流れになる。

① 会議・ミーティングのテーマ、内容、日時、参加者（案）を考え、会議

第2部 キャリア形成とコミュニケーションスキル　091

室の空き状況を確認したうえで上司に相談する。

② 不定期に開催される会議は、参加者の都合を事前に確認して、案内を送る。

③ 早めに資料を作成し、事前に送付する。

④ 事前に出席確認をし、欠席者には必要に応じて代理者を立ててもらうように依頼する。

⑤ 当日は定刻に開始し、参加の礼も含め開会の挨拶をする。

⑥ 書記役を決める。

⑦ 前回の会議について確認し、今回の会議のテーマと進め方、時間について確認する。

⑧ できるだけ多くの出席者から発言が出るように配慮する。

⑨ 1案件の終了ごとに、決議事項や承認の確認をする。

⑩ 会議の終了時に、決議事項、承認事項、保留事項を確認し、次回の開催予定を連絡する。

⑪ 出席者の進行協力について礼を述べ、終了の挨拶をする。

4. 会議・ミーティングの活性化

　会議というと決定機関のような印象を持たれるが、職場において開催される会議の多くは、議論する場、質疑応答の場としての役割のほうが大きい。職場内での、職場の代表による部門内での、部門の代表による組織内でのコミュニケーションの場としての役割になる。

　しかしながら職場においては、発言のない会議、一部の人に発言が偏る会議がまま行われている。会議・ミーティングを活性化するには、どのような方法があるのであろうか。発言のない会議を出席者の立場で考えてみると、「誰も発言しないから発言しにくい」「テーマについてよく理解していないので発言できない」「急に指名されてもいい加減なことを言いたくない」「自分の意見に対し上位者や先輩から反対意見を出されることが嫌だ」などが考えられる。このように発言しない理由の多くは、会議に対する準備不足からきている。

そこでできるだけ早く事前に会議資料を配布し、その会議のテーマについて自部門の意見の集約を依頼する。これにより出席者に所属部門の意見を求めることができ、質問が出てくる可能性もある。会議の場で、上位者やベテラン社員から否定意見や反対意見が出て、当初の想定通りに進まない場合もありうる。この場合は事前の根回しが必要になる。会議の構成メンバーのうちで上位者やベテラン社員には、前もって会議のテーマについて相談し意見を求めておく。更に会議の進行に合わせ、上位者やベテラン社員の発言の場を用意し、ご意見をいただくようにするとよい。

■注

1　ブレイン・ストーミングは、少人数のグループで行う会議。全員が自由に意見やアイデアを出し合うことで、案をまとめたり、新しい発想を生み出す手法として使われる。

第2部｜キャリア形成とコミュニケーションスキル　093

ワークシート 2-10

■ 5人から8人ぐらいのグループを作り、チョコレートの新製品に対するアイディア会議をやってみましょう。できるだけ多くのアイディアを出すにはどうすればよいか考えましょう。

ワークシート 2-11

■ あなたの職場（サークル）では、ミーティングのときに誰も発言しません。いつも部長が決めてしまい後で不満が出てきます。どうしたら発言が出るようになるか考えましょう。

第6章 — 苦情対応と謝罪

　仕事において、苦情対応ができれば一人前とよく言われる。インターネット
が普及した社会では、だれもが簡単に苦情を表明できるようになった。姿を見
せずに伝える苦情は、多くの人に拡散していく。いかに迅速に対応しているか
どうかもまた、多くの人に見られることになる。苦情をもたらす原因は、製品・
商品の不良にとどまらず、システムの不備、情報伝達の不足、従業員の態度等、
あらゆる分野に及ぶ。苦情の中には応対者の対応が不備であったために、お客
様の怒りを増加してしまう場合もある。同時に苦情は対応する従業員にも多大
なストレスをもたらす。本章では、苦情応対の基本的な流れを理解し、苦情を
おっしゃるお客様の心情も思いやる謝罪の仕方を考えていく。

1. 苦情の背景を理解する

　もしあなたが、時間がないという理由で美味しくない、接客も悪いと評判の
飲食店に入り食事をすることになった場合、予想通り美味しくなく、接客も悪
い場合に苦情を言うであろうか。同様に定価の半額以下の値段で路上の店で売
っていたバックを購入し、すぐに壊れた場合に苦情を言うであろうか。苦情を
言うということは、その店や企業、企業の従業員への信頼を裏切られたという
ことで、お客様は「私はあなたのお店・会社を信用していたのに」とおっしゃ
っていることに他ならない。苦情を担当する部署はストレスが溜まるが、企業
はこの人ならうまく対応してくれると期待しているのであり、お客様とトラブ
ルを起こしそうな社員には、苦情対応は担当させないであろう。そこで企業と
自分への信頼にどのように応えていくのかを考える必要がある。

第2部 | キャリア形成とコミュニケーションスキル　095

苦情の原因は大きく5つに分けられる。

① 当該部署にミスがあった場合

　例えば、請求金額を間違えた、氏名住所の記載ミス、必要書類の不配達などである。この場合は、お詫びし訂正することで了解を得る。

② ご購入された商品に不良や汚損があった場合

　例えば、白の鍋を購入したのに箱には黒の鍋が入っていた場合やシャツのボタンがすぐに取れてしまった場合などである。この場合も基本的には、お詫びし交換することになる。

③ 当該部署や、制度に対する不満の場合

　例えば、「なぜこの店ではポイントカードが使えないのか」「この店のレジはいつも待たされるもっと従業員を多くしてほしい」といった苦情である。この場合には、お詫びしご不満を、誠意を持ってお聴きすることになる。

④ 担当者や従業員の態度、接客に対するご不満の場合

　例えば、従業員が乱暴に料理を置いた場合や販売員が売り場でおしゃべりをしていて客が呼んでいるのに来なかったなどの苦情である。こちらはお詫びし、店や組織としての対応を伝えることになる。

⑤ お客様の誤解に基づく苦情の場合

　例えば、返品・交換の対象外となるサービス品を交換してくれなかった場合や受付時間を過ぎてから持ち込まれた配送品が翌日配達されなかった場合などの苦情である。こちらの場合は、順序立てて説明しお客様の誤解であることをご理解いただく対応になる。

　お客様がある従業員の対応について不満を訴えている場合であっても、店や組織に対する不満と考えて対応することが原則である。

2. 苦情応対に求められるもの

　苦情応対をする際には、お客様の事情や心情を理解すること、お客様の了解を得ながら対応することが欠かせない。表2-5 はある店に電話で苦情を伝え

表 2-5　苦情応対の良くない例

> 【電話での苦情対応例】
>
> 客：すいません3日前にそちらでモップを買ったのですが、ネジが外れてしまったんですが
>
> 販売員：それではお取替えしますのでレシートと一緒に持ってきてくださいますか

出所：筆者作成

た時の対応である。何が足りないのか考えてほしい。

　苦情応対の基本的な流れを理解しよう。

① 苦情だとわかったらお詫びをする

　まず、この販売員は苦情だと認識した時点でお詫びをしていない。「ご不便をおかけして申し訳ございません」とまずお詫びの言葉を伝えることが先であろう。

② 事実確認、状況確認をする

　次に事情も確認せず、取り替えますという形式的な対応が感じられることも問題である。このような対応では、商品を交換してもお客様の不快なお気持ちは残るであろう。「ネジが外れたということですが、どのような状態かもう少し詳しくお聞きしてもよろしいですか」と状況確認が必要である。事情をお聴きしてまたお詫びをする。この時点で状況によっては、お客様ご自身でネジを締めなおしてもらうという対応もできる。

③ 解決策を提案する

　次に製品番号等をお聞きし、在庫を調べる。「それではお取替えさせていただきます。恐れ入りますが箱に記入してありますメーカー名と製品番号教えてくださいますか」お持ちいただいて在庫がない場合に、お客様は二度手間になるからである。

④ お客様のご意向を確認する

　在庫がない場合には、お待ちいただくか別の商品と交換するかお客様のご

第2部 | キャリア形成とコミュニケーションスキル　097

意向を尋ねる。「申し訳ございません、そちらの商品はただいま在庫を切らしております。取り寄せに3日ほどかかりますが、似たような商品に〇〇がございます。200円ほど高くなりますが、こちらでしたら在庫がございます。いかがいたしましょうか。」在庫があったとしても場合によっては交換でなく、返金を望まれる場合もある。あくまでもお客様のご意向に沿った解決策を提案する必要がある。

表2-6

【苦情対応の流れ】
① まずお詫びする
② 事実確認・状況確認をする
③ お詫びする
④ (担当部署に問い合わせ)
⑤ 解決策の提案
⑥ お客様のご意向確認
⑦ 解決策の具体的説明
⑧ ご迷惑に対するお詫び

出所：筆者作成

⑤ 交換手続きのご説明をする

　お客様がお待ちになるとおっしゃった場合には、お名前とご連絡先をお尋ねし、自分の名前を告げる。さらにご来店のご都合をお聞きし、自店のどこにお越しいただきたいのか、およびお持ちいただきたいものを伝え、自分以外の者でも対応できるようにしておくことを伝える。

⑥ 最後に心からのお詫びをする

　最後にご迷惑をおかけしたことをもう一度丁寧に詫びる。

⑦ 来店時に再度お詫びをする

　お取替え商品はお客様にご確認いただくとともに、お取替えのためにわざわざご来店いただいた時間と手間にもお詫びをする。

3. すぐに対応できない苦情の場合

　苦情の中には、お客様のご不満は理解できるがすぐには対応できない類の苦情もある。例えば、「設備が古くエレベーターがない」、「混み合う時期に予約がとりにくい」などの苦情である。この場合は、ただ申し訳ございませんとお詫びしても、いつまでも改善がないと又おしかりを受けることになる。ご不満

やご不便をおかけしていることをお詫びし、苦情をおっしゃるお客様のご心情は理解できることをまずお伝えする。「ご不便をおかけし申し訳ございません」とお詫びし、同じような苦情不満が出ている場合には、そのこともお客様にお伝えすると、苦情を訴えるのは自分だけではないと安心される。

その上で、自分のとる対応、自社の取り組みを伝え、ご猶予をい

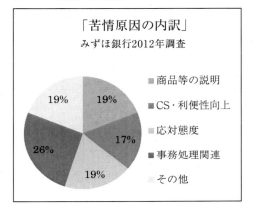

図 2-5　苦情の原因内訳

出所：みずほ銀行HPより筆者作成

ただく。「そのようなご不満のご意見は職場の会議で必ず伝えますので…」または「当店といたしましてもただいま、店内の施設の改善を検討しておりますので、もうしばらくお待ちくださいますでしょうか。」などと伝える。さらにお買いあげ商品を駐車場までお持ちするなど、その状況で対応できる最善の方策を提案する。さらに貴重なご意見をありがとうございましたと苦情に対する感謝を示すとよい。

「申し訳ございません」とお詫びで始め「ありがとうございました」と貴重なご意見をいただけたことの感謝で結ぶ。苦情を告げるお客様でも、貴重なご意見と感謝されて怒る人はいない。

4. 苦情原因の改善

　苦情の原因はさまざまであるが、同じような苦情が発生しないように組織内で対処することと、苦情に対しての対処の仕方がポイントになる。図 2-5 は、都市銀行であるみずほ銀行の営業店舗に寄せられた苦情を分類したものである。利便性の向上や事務処理への不満と共に商品説明や応対態度への不満が多いことに気付く。同行では、各支店のロビーに「お客様の声カード」を記入できる

専用スタンドを設置しているほか、フリーダイヤルやウェブサイトの入力フォームからもお客様の声を収集している。2012年度は、約23万件のお客様カード、約1万件のフリーダイヤルやウェブサイトからのご意見が集まった。そのうち約17千件がご不満の声で、お客様の苦情は営業店舗と共に本部に報告する仕組みを確立している。各店舗で対応できることは即対応し、その結果について同行HPの「お客様の声ボード」でお知らせしている[1]。また、従業員、店舗、商品・サービス、イメージ等に対する評価を通じてお客様の満足度を把握する「お客様満足度調査」も実施し、改善の活用している。

　苦情対応は単にお詫びするだけでなく、迅速な対応とその結果のフィードバックがお客様の信頼を高めることになるのであろう。

■注

1　みずほ銀行HPご意見・苦情のコーナーによる。www.mizuhobank.co.jp/

ワークシート 2-12

■あなたがある食品スーパーの従業員だとして、お客様から「夕方購入したラーメンの賞味期限が2日前になっていた」という苦情を電話で受けた場合の、応対の流れとお詫びの言葉を考えてください。

ワークシート 2-13

■あなたがある公共施設の従業員だとして、ご近所の方から電話で「コンサートがあるときに家の前の道路にお客様が駐車するので困る、駐車を取り締まってほしい」という苦情を電話で受けた場合の、応対の流れとお詫びの言葉を考えてください。（道路は駐車禁止にはなっていない）

第7章 — リーダーシップの発揮と主体的なキャリア形成

　若手社員であっても、飲食サービス業や小売業などでは早い時期に店長や主任に任ぜられることがある。昇進の遅い組織であっても、在職年数が増すに従い自分だけで行う仕事からグループを統率し、後輩の指導・育成の役割が求められるようになる。一人で行うことのできる仕事には限りがあり、より大きな仕事を請負い、成果を出すためにも、チームをまとめチームを動かすリーダーシップの発揮が必要になる。

　飲食店などで相次いてアルバイトが辞めた場合など、「もっとリーダーシップを発揮して、アルバイトを定着させてくれないと困る」などと上位者から指導を受けることはよく聞く。では、リーダーシップとどのようなものなのか、どのように発揮すればよいのか。本章ではリーダーシップの意味を考え、リーダーシップを身に付けることで主体的なキャリア形成を進める方向性を考えて行く。

1. リーダーシップの発揮

　入社し自分の担当職務を一生懸命行い、仕事や周囲との人間関係もそつなくこなすことができるようになった時期を考えてみよう。新入社員のころと比べ、2倍、あるいは3倍仕事が速く正確にできるようになったのではないか。今後10年先、20年先はどうであろうか。職場の異動があったとしても、短期間に仕事を覚え、こなすことができるであろう。それだけでは、担当職務をこなすことに時間を取られ、生産性をさらに向上させることや仕事の範囲を大幅に広げることは難しい。これまでは自分の担当職務の遂行に力を注ぐことが求められてきたが、次の段階として上司や周囲から期待されることは、後輩の指導

や育成、チームや職場全体の職務能力や生産性を向上させることであろう。つまりリーダーシップの発揮である。

　リーダーシップはよく聞く言葉であるが、どのようなことを意味するのか。ブリタニカ国際大百科事典によれば「集団の目標や内部の構造の維持のため，成員が自発的に集団活動に参与し，これらを達成するように導いていくための機能」とある。これだけではリーダーシップについては、まだよく理解できない。リーダーシップとマネジメントの違いについて、2013年3月1日付の日経MJ新聞で経営コンサルタントの小倉広氏が分かりやすいたとえ話を基に解説しているので紹介する。

表2-7

　一私たち12人の集団が今ジャングルで道に迷い困っている。何時間も歩き疲れ果て水や食料も尽き、皆がおびえていた。その時一人の男が高い木に登り、遠くを見渡して叫んだ。「おーい、こっち行けば抜け出せるぞ！」それを聞いたメンバーたちは元気になり、一斉に走り出そうとした。木に登って遠くを見渡し、自分たちの方向性を伝え、集団の心を鼓舞した。彼の行いをリーダーシップと呼ぶ。
　そこでもう一人の男が叫んだ。「みんな落着け、ばらばらに走っては危険だ。3列に並ぶんだ。先頭の3人はナイフで草を刈って進め。次の3人は石をどけながら道を作る。その後ろに小さい子が続くんだ。あわてずに前の人の後をゆっくり進め。」彼の行いこそがマネジメントだ。一

出所：2013年3月1日付の日経MJ新聞記事より筆者作成

　リーダーシップの発揮を求められたときに、自分は係長でも課長でもないからという言い訳が先に立つかもしれない。リーダーシップはこの例のようにどのような立場であってもそのメンバーの成員であるならば発揮できる。リーダーには、方向性を示しメンバーの心を鼓舞することで、メンバーにやる気を持たせることが必要になる。

　それに対してマネジメントは、この例のように列を作らせ、役割分担を行うことで組織を効率的に動かしていくことを意味する。どちらかというと規則を作り、効率的に仕事を遂行するシステムを作っていくことが役割になる。そこ

第2部　キャリア形成とコミュニケーションスキル　103

である程度の地位や権限が必要になる。

　外資系コンサルタント企業であるマッキンゼー社は、社員の採用基準について①リーダーシップがあること、②地頭がいいこと、③英語ができることの3点を掲げている。採用基準の設定につき、リーダーシップは管理職に求められるものではなく、全員に求められるもので、問題を解決するために他者を巻き込んで現状を変えていこうとすれば、必ずリーダーシップが必要になると説明している。そしてリーダーがなすこととして、4つのタスクを挙げている。その1：目標を掲げる、その2：先頭を走る、その3：決める、その4：伝える、の4つである（伊賀：2012）。

　マッキンゼー社が新入社員の採用基準にリーダーシップの保持を掲げるように、リーダーシップは若手社員にも求められる。目標を掲げ自ら率先して行動することが必要であるが、どんなに素晴らしい目標を掲げたとしても、うまく他者に伝えられなければリーダーシップの発揮は難しい。リーダーシップを発揮する場合にも、当然のことながらコミュニケーション能力の保持は必須になる。

表2-7　リーダーシップとマネジメントの違い

リーダーシップとマネジメントの違い		
	リーダーシップ	マネジメント
定義	集団を一定の方向（ビジョン）へ導く影響力	混乱した組織に秩序と効率をもたらす行い
力の源泉	人間的な魅力・ビジョンの魅力	地位と権限
用いる道具	人望・ビジョン・信頼関係	規則・システム
対象	ひとり一人の感情とモチベーション	組織全体
スタイル	動機づけ	コントロール
時間観	中長期的	短期的

出所：前述新聞記事より筆者作成

2. キャリアを形成する条件

　リーダーシップの発揮がより高いレベルの職務の遂行に求められるとして、個人が自分らしい充実したキャリアを形成していく為には、どのようなことが求められるのか。慶應義塾大学SFC研究所キャリア・リソース・ラボラトリーの高橋は、充実した自分らしいキャリアを継続的に切り開いていくことのできる思考・行動特性を「キャリアコンピタンシー」と名付け、以下の10の条件を挙げている。

① 自分の価値観やポリシーを持って仕事に取り組んでいる
② 社会の変化、ビジネス動向について、自分なりの見解を持っている
③ 部署・チームを超えて、積極的に周囲の人を巻き込みながら仕事をしている
④ 今までの延長線上のやり方ではなく、常に自分なりの発想で仕事に取り組んでいる
⑤ 自分の満足感を高めるように、仕事のやり方を工夫している
⑥ 新しいネットワークづくりに常に取り組んでいる
⑦ 自分のネットワークを構成する個々人が、どんなニーズを持っているかを把握し、それに応えようとしている
⑧ 自分の問題意識や考えを、社内外のキーパーソンに共有してもらうようにしている
⑨ 今後どのようなスキルを開発していくか、具体的なアクションプランを持っている
⑩ スキル・能力開発のための自己投資をしている

　この10の条件は、主体的なジョブデザイン行動（①②③④⑤）、ネットワーク行動（⑥⑦⑧）、スキル開発行動（⑨⑩）に分けられる。

　次に高橋の所属する研究所の調査（図 2-6）を基に、どのようなときに若手社員が自己の成長を実感するのかを考えたい。成長の実感は、満足するキャリア形成につながると考えられる。この調査では「仕事で具体的成果が出たとき」

が一番高く、「顧客取引先から評価されたとき」「上司先輩から評価されたとき」が続いている。グラフには掲載していないが自己成長と考えられる「社内外の資格認定や試験結果」は、3.08ポイントとかなり低くなった。

　高橋はこの調査結果から若者の成長実感の源泉は仕事とそのものにあることが改めて証明されたと述べている。そして若い時期にできるだけ成功体験を積むことが、主体的なキャリア形成につながると言っている。

図2-6　成長を実感するとき

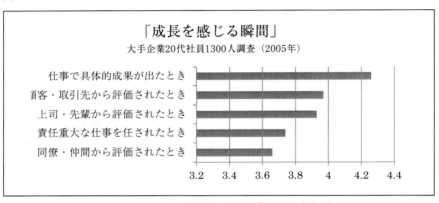

（出所：高橋俊介著『人が育つ会社を作る』78Pより筆者作成）

4．キャリアは偶然の出来事に左右される

　主体的にキャリアを積むとはどのようにすればよいのか。神戸大学大学院の金井は、いつもキャリアのことを考えて過ごす必要はなく、人生の節目、分岐点においてよく考え間違いのない選択をすることが重要なのだと説いている（金井：2002）。この分岐点のことをキャリアのトランジションという。キャリアのトランジションは、例えば就職先の選択や配属希望の提出、チームリーダーの拝命、結婚や家族の誕生などになる。

　間違いのない選択をすることは難しいが、「インテリジェントキャリア論」を展開していることで知られる米国サフォーク大学のマイケル・アーサーの次

の三つの問いなどが参考になるであろう。

① 自分ならではの強みはどこにあるのか。

② 自分があることをしたいとき、それをしたいのはなぜか。

③ 自分はこれまで誰とつながり、その関係をどのように生かしてきたか。

　自分のキャリアを形成するために方向を考え歩みだしても、自分の仕事がうまくいかないとき、上司との人間関係に悩むとき、自分は運が悪く、自分の仕事に満足している友人は運が良いのだと思うことはないであろうか。傍から見て運が良いように思える人の場合、運により巡り合った出来事の前にいろいろな行動や準備をしていることが多い。最後にスタンフォード大学のJ.D.クランボルツの著書『その幸運は偶然ではないんです』から以下の文章を紹介したい。「人生の目標を決め、将来のキャリア設計を考え、自分の性格やタイプを分析したからといって、自分が望む仕事を見つけることができ、理想のライフスタイルを手に入れることができるとは限りません。人生には予測不可能なことのほうが多いですし、あなたは遭遇する人々や出来事の影響を受け続けるのです。」「過去の自分をひきずったり、意に沿わない現在の仕事にこだわる必要はありません。将来に向かって今の自分を変えていくこと、そのために行動を起こすことが大切です。チャンスを見つけるために積極的に行動を起こすことが、自分の幸運を作り出すことにつながるのです。」

■参考文献

・伊賀泰代著『採用基準』ダイヤモンド社　2012 年

・金井壽宏著『仕事で「一皮むける」―関経連「一皮むけた経験」に学ぶ―』光文社（光文社新書）
　2002 年

・高橋俊介著『人が育つ会社を作る―キャリア創造のマネジメント―』日本経済新聞出版社　2012 年

・J.D.クランボルツ著　花田光世他訳『その幸運は偶然ではないんです』ダイヤモンド社　2005 年

ワークシート 2-14

■あなたが大学生活や職場の中で、リーダーシップを発揮したと思われる経験を述べて
　ください。

［経験］

［具体的な行動や留意点］

ワークシート 2-15

■あなた大学生活や職場の中で、主体的に行動していると思われる経験を述べてください。

［経験］

［具体的な行動や留意点］

第3部

コミュニケーションスキル
実践編

Skill 1

身だしなみと相手に与える印象

　相手に与える視覚による印象もコミュニケーションの重要な要素になる。メラビアンの法則として知られているアメリカの心理学者アルバート・メラビアンは、人物の第1印象は初めて会った時の3〜5秒で決まり、そのほとんどを「視覚情報」から得ていると説いている。相手に与える印象は、個人的なものだけではなく、職場や組織全体の印象にもつながる。ここでは身だしなみに重点を置き、採用面接に臨む場合と職場で仕事をする場合の留意点を考えていきたい。

1．採用面接の身だしなみ

（1）事前準備

　リクルートスーツ等は、長く使用するので就職活動の機会に基本的なものを用意するとよい。最初は、流行、個性を表現するよりも無難なものにする。

- ・リクルートスーツ…冬物、春夏物があるので、就職活動の時期に合わせて準備する。金融機関などを訪問する場合には、ストライプなどが目立たないものが無難。ウエストや袖丈は自分に合わせ、直すこと。女性のパンツの長さは、床丈程度、くるぶしが見えないように、床を引きずらない長さにする。

- ・靴…男性は黒の紐結びタイプ、女性はヒールが高くない黒パンプス。事前に履き慣らしておく。

- ・靴下・ストッキング…男性は黒無地、複数枚用意する必要がある。女性は肌色系のストッキング、パンツの場合もソックスではなく、短い丈のストッキングを着用する。寒い時期は黒のタイツでもよい。

- ・カッター、オフィスブラウス…白無地が基本、色ものやストライプは目立

たないものにする。ボタンダウンやピンホールのカッターシャツ、女性のフリルブラウスはカジュアルな印象を与える。
・鞄類…企業訪問、面接時には持ち物が多くなるので、黒を基本とした床に立てられる鞄を用意する。メモ帳ではなく、小型のノートや複数の筆記具も入れておく。

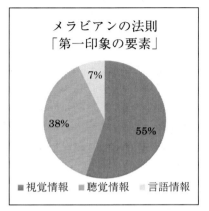

図3-1　メラビアンの法則

出所：『人は見た目が9割』より筆者作成

(2) 身だしなみのポイント

　身だしなみのポイントは、"清潔・安全・職場の雰囲気に合う"になる。採用側は、企業訪問の時から好ましい、好ましくないとの印象を持つので、甘えを捨てきちんとした身だしなみで臨んでください。

・髪型…男性は襟にかからない、目にかからない長さを基本にする。女性の長い髪は結ぶ。深くお辞儀をしたときに髪が落ちてこないよう、前髪もしっかり留める。派手なカラーは避ける。
・化粧…ナチュラルメイクが基本。食品製造や食品販売など清潔が求められる場合には、マスカラ等も避ける方が無難。香りの使用も控えめにする。
・スーツの着用…1日着用したスーツはすぐにハンガーにかけ皺を伸ばしておく。入室、挨拶の際には前ボタンを留める(二つボタンは一つ、三つボタンは二つ)。上着のポケットにモノを入れず、フラップ(ポケットの蓋)は出す。カッターの下に色ものや柄物のTシャツは着ないようにする。
・ネクタイ、ベルト…ネクタイはカッターの第1ボタンを留め、上まで締める。ベルトは黒のスーツ用のもの。女性はオフィスブラウスのデザインにより第1ボタンまで外してもよい。

| 第3部 | コミュニケーションスキル実践編

2. 職場で求められる身だしなみ

　職場でのみだしなみは、担当する職務により重点を置かれるものが異なってくる。基本は、"清潔・安全・仕事しやすい"になるが、製造現場では安全が、食品関連の職場では清潔が重視される。

- ・服装…制服着用の部署は、正しく着ることが基本になる。作業服であれば、ファスナーは上１０センチぐらいまで上げる、ボタンは留める。靴下は安全のために厚手の丈が長いもの、スニーカーソックスは避ける。私服の場合は、訪問者がスーツ・ネクタイ着用の場合には、応対側もスーツ・ネクタイが基本になる。女性の場合も、スーツ、ジャケット、襟付きのブラウスに無地のスカートまたは裾までの丈のパンツが基本になる。ひらひらした服や七分丈のパンツは基本的には遊び着で、ジーンズ着用とともに避けてほしい服装である。

- ・髪型…派手なカラーや長い髪は作業能率を低下させ、好ましくない印象を持たれるので避ける。

- ・履物…基本的に動きやすい靴をはく。サンダルやミュール、高いヒールは安全の上から職場にふさわしいとはいえない。冬のブーツも外の汚れを室内に持ち込むことになるので控える（履き替える）。

- ・名札…職場によっては名札を着用する。見やすい位置に正面を向けて着用することが基本になる。社章のある企業・団体は社章も付ける。

3. クールビズと身だしなみ

　地球温暖化に伴い職場でのエアコン使用を抑制するために、クールビズが推奨された。ネクタイを外し、軽装で仕事に取り組む試みは、かなり定着してきたといえる。クールビズにおける身だしなみのポイントは、どのような点であろうか。

① 職場の雰囲気に合わせる

　　職場によっては、クールビズでもスーツ姿でネクタイをはずすだけのところもある。逆に他の人がカジュアルな中に、一人ネクタイ姿も好ましく

ない。職場の雰囲気に合わせ取り入れることが大切である。
② お客様に合わせる

　自社を訪問されるお客様の服装に合わせる。お客様がネクタイで訪問されることが多い場合には、ネクタイを外したとしてもストライプやボタンダウンなど、色・柄を押さえたシャツに無地のスラックスであれば失礼には当たらないであろう。コットンパンツにTシャツではお客様に違和感を持たれてしまう。

③ だらしなさを出さない

　クールビズの着用は、ある意味でセンスを問われる。脂肪のついたお腹まわりを隠すために、ブラウスの裾を出したり、無理にベルトで絞めつけることも感心できない。お腹まわりが気になるなら、上着を羽織るなど、クールビズの場合はよりきちんと服を着ることを心掛けないと、だらしない印象を与えてしまう。

　暑い季節でも、ノースリーブのブラウスや胸元が大きく開いた服装は、職場では避けてほしい。

図 3-2　［身だしなみをチェックしましょう］

Skill 2
挨拶とお辞儀のポイント

　相手や周囲の人とのコミュニケーションを高める上で、挨拶は非常に重要になる。新入社員が職場に配属になると、挨拶をしなさいと厳しく指導される。互いに挨拶を交わすことで、協力関係も生まれ気持ちよく仕事ができる。その一方で、学生はもとより最近の若者は挨拶ができない等の声もよく聞く。職場で求められる挨拶とは、どのようなものなのか、どのような場面でどのような挨拶が必要になるのか、考えていく。

１．挨拶の重要性

（1）出会いの挨拶

　出勤した時に交わす「おはようございます」の挨拶は気持ちの良いものである。挨拶は仏教用語からきており、「心を開く」「前に進む」という意味があるという。「私は元気です」「今日も頑張ります」との心意気を伝えるわけであるから、ただ言葉を発するだけでなく、大きな声で相手を見て笑顔で交わすことがポイントになる。お客さまを迎える「いらっしゃいませ」も、お迎えすると同時にその後のご用件を承りますという意思表示である。そのような心がこもっていなければ、挨拶ではなくただの言葉にすぎない。

（2）状況を伝える挨拶

　挨拶には、自分の状況を伝え周囲の協力や理解を求める場合もある。退勤する場合の「お先に失礼します」は、私の仕事は終わりました、後はよろしくお願いしますとまだ職場に残っている方たちに伝えるときに使う。新入社員や研修生など、自分の仕事が確立していない場合には、責任者に「お先に失礼して

114

もよろしいですか」の許可を求める挨拶が必要になる。外出時の「行ってまいります」「ただ今戻りました」も、職場の方たちに状況を伝えるとともに、依頼や不在時の感謝を伝えている。電話応対でよく使用する「お世話になっております」も、私は社員であり相手先にお世話になっていることを知っています、責任持って対応しますと伝えていることに他ならないであろう。

（3）感謝、お詫びの挨拶

　先輩や上司が、若者は挨拶ができていないと感じる根拠は、感謝やお詫びの挨拶の不足にあるのではないか。例えば、社用車に同乗させてもらった場合、配布物が配られた場合、些細なことであっても必ずお礼を言う社員は、信頼が増す。何か困ったことがあれば、喜んで力になりたいと思う。反対にミスを指摘された場合や、お客様、他部署から苦情が起きた場合に、言い訳が先に立ち詫びる言葉がない場合には、仕事を頼みたくないと思う。たとえ苦情が相手側の誤解であったとしても、組織として先輩や上司は、お詫びをしなければならない。就職活動をしている学生は、教えられるためか企業訪問、面接試験等の終了ごとに、お礼のメールを出すという。しかしながら、内定を受けた後、入社式等の案内や必要書類を郵送しても、何も連絡がない場合が多いという。お礼やお詫びはマニュアル通りにするのではなく、自分や組織が受けた、配慮、気遣い、受け取った対価、おしかり、相手に与えた不安等を理解し、自分の気持ちを表すものである。

（4）季節や冠婚葬祭の挨拶

　日本は四季がはっきりしている国である。「良いお天気ですね」「寒くなりましたね」等の季節に応じた挨拶も、共感を伝える意味での良いコミュニケーションとなる。学生生活から、社会人として生活していく中で、冠婚葬祭の挨拶、お付き合いも身につける必要がある。結婚披露宴に招待を受けた場合には、新郎新婦だけでなくご両親にもお祝いの挨拶を述べたい。ご親族にも、他の招待

第3部｜コミュニケーションスキル実践編　115

客にもハレの場の挨拶は「本日はおめでとうございます」になる。不祝儀の場への参列も増えるであろう。「お悔やみ申し上げます」「ご愁傷様です」の挨拶と、宗教に則したお参りの作法がある。受付で金品等を受け取るときの挨拶は「お預かりします」になる。わからないとき、自信がないときは年長者に尋ねるとよい。

2．3種類のお辞儀の使い分け

挨拶の言葉とともに、お辞儀も大切になる。お辞儀はその時の状況に応じて①会釈、②普通礼、③敬礼を使い分ける。首を曲げるのではなく、頭から腰の線をまっすぐにそれぞれの角度を目安に体を倒すことが大切である。相手を見て挨拶の言葉を発し、その後で体を倒し、戻して視線を相手に向ける。

図 3-3　3 種類のお辞儀

[会　釈] 15度くらい　　[普通礼] 30度くらい　　[敬　礼] 45度くらい

出所：筆者作成

① 会釈（15度くらい）…部屋の入室時やすれ違う時などに行う軽いお辞儀。「失礼します」「少々お待ちください」「お待たせしました」など。

② 普通礼（30度くらい）…来客を迎えるときや上司への挨拶など相手に対して行う普通のお辞儀。「いらっしゃいませ」「おはようございます」軽い意味での「ありがとうございます」などで、会釈に比べややゆっくり体を倒し、ゆっくり起こす。

③ 敬礼（45度くらい）…お礼やお詫びなど心をこめて行うお辞儀。「ありがとうございます」「どうぞよろしくお願いします」「申し訳ございませんでした」などで、ゆっくり体を倒し一度止めてから、さらにゆっくりと体を起こす。

3．挨拶＋一言で交流を深める

「おはようございます」「いらっしゃいませ」だけでは、相手との交流は深まらない。相手を理解し、自分も知ってもらうためにはもう一歩踏み込んだコミュニケーションが必要になる。挨拶の言葉だけでなく、「おはようございます、寒いですね」「いつも早いですね」等の一言をプラスすることで、相手との会話が始まる。お客様の場合には、会話の情報を蓄積し次の会話に生かすとともに、ニーズ把握にもつなげるようにする。ポイントは、共感、共有できるような何気ない一言から会話を進めることにある。

ワークシート 3-1

■状況を伝える挨拶の言葉を書き出してみましょう

ワークシート 3-2

■○○部の先輩として新入社員（新入生）に対する歓迎の挨拶を考えましょう

Skill 3
敬語とビジネス会話

　新入社員が自信のないことの一つに敬語があげられる。学生時代と違い職場では、年齢、役職、立場の違いなど様々な人たちと関わり合いながら、仕事を進めていく。相手の立場を尊重しつつ依頼や交渉を進めていく上で、敬語は必要不可欠なコミュニケーションスキルであると言える。まず、敬語の使い方の基本をしっかり身につけよう。そしてどのような立場の人に、どのような場合に、どの程度の敬意を表す敬語を用いるのか、周囲の人たちから学び使うことで、敬語表現に慣れていく。同時に適度な相手との距離感を保ちながら、効率的に話を進める為にビジネス会話のスキルもぜひ若いうちに修得したい。

1．3種類の敬語
　職場では、先輩や上司など目上の方たちに敬語を用いて話をする。取引先やお客様に対しても敬語での会話が必要になる。敬語には①相手を敬う時に用いる尊敬語、②自分や身内をへりくだるときに用いる謙譲語、③言葉を丁寧にすることで相手への敬意を表す丁寧語の3種類がある。取引先やお客様に自社のことや自社の社員のことを伝えるときは、基本的には呼び捨てであり、謙譲語になる。家族など身内のことを外部の人に話すときに、「父は…」と表現することと同じと考えればよい。
　① 尊敬語…目上の方やお客様の動作や所有物を表す時に用い、相手を高める。
　　 例：「お持ちになる」「ご滞在なさる」「出席される」「御社」「お車」「ご住所」「御芳名」など
　② 謙譲語…自分や身内の相手に対する動作や所有物を表す時に用い、自分側がへりくだることで相手を高める。

第3部｜コミュニケーションスキル実践編　119

例：「お持ちいたす」「ご案内いたす」「出席させていただく」「当社」「拙著」「粗品」など

③ 丁寧語…状況を伝えるときに丁寧に表現することで、相手に対する敬意を表す。

例：「です」「ます」「ございます」「こちら」「どちら」「本日」「お食事」など

基本的な敬語の形式をしっかり理解したい。敬意を表すからと言って「お持ちになられる」「ご出席される」は、二重敬語で誤った表現になる。

2. 交換形式の敬語

敬語としてよく使われる、「見る・聞く・話す・行く・来る・する・居る」などの言葉は、交換形式といい表 3-1 のように尊敬語と謙譲語の形が変化するので注意したい。

「参る」は来る、行くの謙譲語であるから、お客さまに対して「どちらから参られましたか」と尋ねるのは、謙譲語に尊敬語に使われる「れる・られる」をつけた形で、間違いになるので気をつけたい。「来る」の尊敬語は、4種類あるのでその場に応じて使いやすい表現を選択しよう。

表 3-1 「交換形式の敬語」

尊敬語	基本形	謙譲語
ご覧になる	見る	拝見する
お聞きになる	聞く	伺う(拝聴する)
おっしゃる	話す	申す
お出でになる　いらっしゃる	行く	参る　伺う
お出でになる　いらっしゃる お越しになる　お見えになる	来る	参る　伺う
なさる	する	いたす
いらっしゃる	居る	おる

出所：筆者作成

120

3. 職場でよく使われる表現

　ビジネスの場では、よく使われる慣用的な表現が多いので、敬語とともに使いこなせるようになろう。相手の銀行や病院には、「貴行」「貴院」、自分の会社、店は「当社」「当店」を使い、同行者は「お連れ様」、相手のお名前をお聞きするときには「どちら様ですか」となる。企業名も「○○銀行様」「○○商事様」のようにお世話になっている意味を込めて様をつけることが普通なので、日常的に使えるようにしたい。特に社外の方に対して、自社の社員を指すときは「吉田」と呼び捨てにするか、役職名を前につけ「営業部長の吉田」のように呼ぶ、「山本課長は外出しております」のように伝えると、自社の者を敬うことになる。

　お客様のご要望に応じられない場合は、「できません」「わかりません」ではなく、「できかねます」「わかりかねます」など、婉曲な表現を使う。「できかねません」とさらに否定表現を加えると、できないことはない、つまりできてしまうので間違えないようにしたい。

表 3-2　お客様に対する表現

	お客様に対する好ましい表現
相手の会社の部長	○○部長様　　部長の○○様
自社の山田課長	当社の課長の山田　山田（呼び捨て）
お客さん	お客様　　○○様
あなたの会社	御社　貴社
自分の会社	当社
相手の名前を聞く	（失礼ですが）どちら様ですか
席にいない	席をはずしている
これでいいか	こちらでよろしいでしょうか
わかった	かしこまりました　承知いたしました
わからない	わかりかねます
できない	できかねます　いたしかねます

出所：筆者作成

4. 学生言葉やマニュアル敬語は使用しない

　社会人になれば学生時代の様な、仲間内でしか通じない言葉遣いは許されない。「バイト」「シャメ」「やばい」「マジ」等日常使用している言葉は、注意して正確な日本語を使うようにしたい。「見れる」「食べれる」の様な「ら」抜き言葉も、よく見聞きするが「見られる」「食べられる」のように「ら」を入れる必要がある。

　学生はアルバイトの経験から、敬語を覚えることが多いと聞く。アルバイト先で使われている言葉には、表3-3のように意味をなさない敬語表現がまま見受けられる。「2000円からお預かりします」は、2000円以上から預かることができるという意味であり、「お名前よろしいでしょうか」はおそらく、「お名前をお伺いしてもよろしいでしょうか」とお客様に尋ねているのであろう。アルバイト先で使われている言葉遣いを鵜呑みにせず、意味を理解して受け入れることが大切である。

　さらに、コミュニケーションという観点から見れば、自分の相手に対する思いやりをいかに伝えるかということを考えた言葉遣いが求められる。「しばらくお待ちください」ではなく、「お急ぎのところ大変申し訳ございませんが、…の理由でただいま混雑しております。順番にご案内いたしておりますので、もうしばらくお待ちいただけますでしょうか。」と伝えれば、お客様は納得してくださるであろう。相手の気持ちを考えた言葉遣いを身に付けるには、いろいろな場所に出向く機会を多くしてこのように言われるとうれしい、感じが良いという体験を積み重ねることが有効であろう。

表 3-3　マニュアル敬語の例

【意味が通じないマニュアル敬語】

例①　2000円からお預かりします

例②　ご注文よろしかったですか

例③　お名前よろしいでしょうか

例④　（電話で）戻りましたら折り返します

例⑤　ご注文おそろいでしょうか

出所：筆者作成

ワークシート 3-3

■次の言葉をお客様や上司に対する適切な敬語表現に直してください。

1. この書類はもう読んだか	
2, 帰りの予定は何時になるのか	
3, お客さん、あさっては家にいますか	
4, どうぞあっちの席にすわってください	
5, 山田部長が戻ってきたら電話させます	
6, 今すぐ係がこっちへ来ますから待ってください	
7, 部長、この書類にはんこもらえますか	
8, お宅の会社の説明会はどこへ行けばいいのか	
9, あなたの名前は何と言うのか	
10, こっちのミスで迷惑をかけて悪かったですね	
11, うちの病院の佐藤課長は今、席にいない	
12, そのことは自分ではわからない	
13, (課長に)コピーは何枚とるのか	
14, うちの吉田係長がそっちへ行っていませんか	
15, 担当の人の名前は何と言うのか	
16, うちの部長がそっちの言っている条件でよいと言っている。	
17, 昼ご飯はもう食べたか	

第3部 コミュニケーションスキル実践編　123

Skill 4

自己紹介と自己PR

　初対面の場合に、自己紹介を求められることが多くある。自己紹介は緊張する、苦手という人も多いであろう。自己紹介は、その場にいる方たちに自分を知ってもらう、理解してもらうことがポイントになる。新入社員の場合、配属された職場で、懇親会の席で、割り当てられた委員会等で、何度も自己紹介の機会があり、職場の中で仕事の経験を重ねるごとに、自己紹介の機会は増えていく。緊張しても自己紹介に求められるものを組み入れ構成を考えることで、わかりやすく好感を与える自己紹介になる。自己紹介を人前で話す練習の機会と捉え、練習を重ねることにより話すことの苦手意識を克服しよう。また、採用面接の場等で自己PRを求められる場合もある。自己紹介と自己PRの違いも理解し、自信を持った自己PRができるようになりたい。

1．自己紹介に求められること

　自己紹介は、共に過ごす、仕事をするなど関わりを持つ人々に、自分を知ってもらう、理解してもらうために行う。自己紹介に求められるものは、相手や場面により異なる。求められるものを提供しない自己紹介は、時には場違いな話と誤解を生むこともある。自己紹介の目的は所属・氏名を覚えてもらうことと、関わりに必要な情報の提供になるであろう。自己紹介の流れに沿って、留意点を考えていく。

① 相手から見える位置に立ち、大きな声で笑顔を添えて挨拶する。メラビアンの法則の通り、まず視覚により相手に良い印象を与えたい。笑顔は聞いている人に安心感を与える。

② 所属と氏名をフルネームで名乗る。この時、読み間違いやすい名前や漢

字について一言添えると、名前がより印象に残る。

③ 招きを受けた場合や参加の了承を得た場合などは、そのことに対する礼を述べる。例えば、「この度は、事前研修に参加させていただきありがとうございます」などである。

④ その場に合った自分を理解してもらう一言を述べる。例えば、参加動機、志望動機や今後の活動にかかわる勉学、体験などである。

⑤ まずポイントを述べ、次に詳しく補足説明をする。例えば、「私が○○クラブに入ったのは、体力作りをしたかったからです」。次に、聞き手がイメージしやすいようにもう少し具体的に説明する。「子供のころから風邪をひきやすく……」

⑥ 今後の抱負や貢献を述べ、自己紹介を結ぶ。

⑦ 「よろしくお願いします」と締めくくりの挨拶をしっかり行う。

2. 自己 PR の内容

採用面接の場では、よく自己PRを求められる。自己紹介は自分を理解してもらうことが目的であるのに対し、自己PRは自分の強みや保有する能力、努力して結果を出した経験など現在の自分のセールスポイントを伝えるために行う。大した経験もなく、誇れる能力がないと思う場合にも、心配はいらない。採用側が求めるものは、素晴らしい能力やスポーツの優勝経験ではなく、結果を出す過程の努力や優勝を勝ち得るまでの練習の工夫や継続の努力である。そしてその努力や工夫を成し遂げた応募者が、今後志望先でどのように貢献できるのかを知りたいと考える。

自己PRでは、「私の強みはコミュニケーション能力です」や「協調性があることです」と話す学生が多いと聞く。その例として飲食店のアルバイトでのお客様と会話や大学のサークルやゼミの活動など友人が多いという体験が語られる。この程度のことで、コミュニケーション能力や協調性があるとは考えにくい。例えば無遅刻無欠席でもよい、毎日新聞を読むでもよい、自分が長年続

第3部 | コミュニケーションスキル実践編　125

けてきたこと、続けるために努力してきた事実を伝えればよい。その事実を基に○○力があると判断するのは、自己PRの聞き手である。

3. 自己紹介、自己PRの話し方

　多くの人の前で自己紹介，自己ＰＲを行うことは緊張を伴う。緊張して間違えて言い直す、考えていたことを忘れてしまったということもよく聞く。聞き手にとって話し手が緊張していることは、すぐにわかり、緊張しているなと思うだけで、下手であるとは思わない。それよりも困るのは、原稿を棒読みにする自己紹介である。話し手の人柄や感情が全く伝わってこない。特に原稿を見ながら話す場合には、視線が下向きになり聞き手が表情を判断できない。

　できるだけ緊張せずに話すにはどうすればよいのか。最初に大きな声で「お早うございます」「こんにちは」と挨拶すること、これで少し緊張が解ける。原稿は文章で完全に作成するのではなく、フローチャートのように流れだけ作り、言葉をつないでいく。こうすれば、全文を暗記する必要がなく忘れても思い出しやすい。難しい話をせずに身近な実際の体験を話すとよい。言い直しや、言葉につかえることがあっても、話の聞き手はあまり気になりません。自信を持ち挑戦して下さい。

ワークシート 3-4

■インターンシップや実習（社外での研修）に参加した時の自己紹介を考えてみよう

ワークシート 3-5

■自己ＰＲ（製品ＰＲ）を考えましょう

第3部 コミュニケーションスキル実践編　127

Skill 5

電話応対のマナー

　就職活動においても、仕事の連絡をする場合も以前と比べメールで済ますことが多くなってきた。メールは確かに便利ではあるが、内容は伝えられても感情は十分に伝わらない場合もあり、直接に相手とコミュニケーションが取れる電話の意義はやはり大きいと言える。その反面、電話応対の良しあしによりその企業のイメージや就職活動をしている学生の印象も左右される。

　本章では電話応対の基本を身に着け、直接的なコミュニケーションをとるツールとして電話応対をより活用する方法を考えていく。

1．電話応対の注意点

　電話応対においては常に相手の状況を確認し、相手に配慮した応対をすることが求められる。

(1) 正確な応対をする

　言葉のやり取りは間違いが起こりやすい、そこで日時や注文内容、価格等のやり取りは、電話で合意した後に書面、メール等で必ず補足し間違いが起こらないように配慮することが求められる。

　　・ゆっくり、はっきり発音し、わかりやすく話す。

　　・必ずメモを取り、復唱して確認する。

　　・内容の確認をし、必要な場合は書面、メール等の送付を提案する（求める）。

(2) スピーディな応対をする

　電話は相手の状況が見えない中で応対を行うため、用件を手短に済ますことが必要になる。

・電話を掛けたほうが、相手に対し話す許可を得てから話し始める。

・挨拶や前置きは短くし、要領よく話す。

・取次は待たせない。お待たせするときは、こちらからかけなおす。

（3）相手の用件を推測し、親切な応対をする

・名指し人が不在のときは、伝言を聞く、こちらからかけ直すことを申し出る。

・名指し人が会議中、外出中の時は急ぎの用件か尋ねる。

・名指し人に連絡がつかないときは、責任を持ち、受けた人が再度相手側に連絡する。

2. 電話の掛け方

　アポイントメントをお願いする場合や依頼ごとの打診等、メールではなく電話のほうが相手の状況や考えに応じた対応を取ることができ効率的である。まず電話をかける場合の基本を理解しよう。

① 先方が名乗って出たら、会社名（大学名）と氏名を名乗る。

　「私、○○会社（○○大学○○学部）の○○と申しますが」

② 挨拶を交わし、（用件を述べ）取次ぎを依頼する。

　「いつもお世話になっております、営業課長の田中様、お願いいたします。」

　「お世話になっております、インターンシップのことでお電話いたしましたが、ご担当の方、お願いいたします。」

③ 名指し人が出たら、また名乗り挨拶する。（お礼は必ず伝える）

　「私、○○会社の○○と申しますが、先日はわざわざお越しくださいましてありがとうございました。」

　「私、○○大学○○学部の○○と申しますが、今回は御社でインターンシップをさせていただけますそうで、ありがとうございます。」

④ 電話をした用件をまず述べ、てきぱきと話を進める。

「先日お持ちいただきました見積書について、2点ほど確認したいことが ございましてお電話いたしましたが今よろしいでしょうか。」

「実はインターンシップのことで、確認したいことがございましてお電話 いたしましたが、今よろしいでしょうか。」

⑤ 話の内容について確認し、まとめる。特に返答が必要な場合にはいつま でにどちらから返答をするのか確認する。

⑥ 挨拶をして、通常かけたほうから先に切る。(問い合わせ電話の場合には、 この時点でお名前を確認する)

「それではよろしくお願いします。」「失礼します。」

【名指し人が不在の場合】

・名指し人が外出中の場合、戻る時間を確認し、相手からかけ直すという申し 出があれば、電話してもらうことを依頼する。(所属、氏名、電話番号を伝 える。)

・名指し人が目上の方の場合や、こちらから依頼する用件で電話をした場合は、 こちらからまた電話することを伝える。(インターンシップや企業説明会へ の参加等の就職活動における学生の電話の場合は、学生側からまたかけなおす。)

「それでは、また、○時頃にこちらからお電話いたしますが、○○大学の○ ○からインターンシップのことで電話がありましたとお伝えくださいますか。」

3. 電話の受け方

(1) 外線電話の応対

　外線電話の応対では、社内の者の名前を告げるときには基本的に呼び捨て、 また謙譲語を用いて話すので注意したい。

① できるだけ3コール以内にとり、企業・団体名(職場名、担当者名)を 名乗る。

「お早うございます、○○会社、総務課でございます。」

「お電話ありがとうございます、○○会社、○○担当○○でございます。」

② 相手の名前を確認し挨拶をする。相手が名乗らないときには尋ねる。

「○○会社様ですね、いつもお世話になっております。」

「失礼ですがどちら様でしょうか。」

③ 相手が用件を話し自分では対応できない場合には、早めにわかる人に代わる。

「申し訳ございません、わたくしではわかりかねますので担当の者に代わります。」

(2) 名指し人が不在の場合の対応

　名指し人が不在の場合には、不在の理由や相手との関係を考え対応する。こちらからかけ直す場合には、電話番号、相手の会社名、お名前を再度確認する。

① 名指し人が不在の場合には、不在理由を告げ対応を提案する。

「○○はただ今席を外しておりますが、戻りましたらこちらからお電話いたしましょうか。」

「○○はただ今外出しておりまして○時頃戻る予定です。戻りましたらお電話いたしましょうか。」

「○○はただ今ほかの電話に出ております。終わりましたらこちらからお電話いたしましょうか。」

② こちらからかける場合には、お電話番号をお聞きし、相手のお名前、会社名を再確認する。

（相手からおかけくださる場合も、念のため伺うとよい。）

「念のため、お電話番号お伺いできますか。」（復唱）

「会社名とお名前もう一度お伺いできますか。」（復唱）

③ 伝言を受けた自分の名前を相手に告げる。

「私、○○課の○○と申します。」

④ 挨拶をして電話を切り、名指し人にメモと口頭で電話のあったことを伝

える。

「それではよろしくお願いします。」「失礼いたします。」

（4）問い合せや注文の電話応対

　問い合せやご注文の電話への対応は、お客様への感謝を十分に伝え、その問い合せやご注文を受注に結び付けることがポイントになる。

① 問い合せや注文の電話の場合は、受けられるか否かにかかわらずまずお礼を述べる。

　「先日新聞に出ておりました○○のお問い合せですね、ありがとうございます。」

② 担当に代わるときはそのことをお客様に伝える。

　「では担当の者に代わりますので、少々お待ちください。」

③ 担当者は、部署名と名前を告げ、電話内容をうかがっていることを伝えてから話を始める。

　「お電話代わりました、○○担当の○○と申します。○○のお問い合せですね。」

　自分で対応する場合には、５Ｗ１Ｈを考え、順番にご要望、注文内容を確認する。

　「製品ＡＢＣ２３４のご注文ですね。ありがとうございます。どのぐらいの量をいつまでに納品させていただければよろしいでしょうか。」

④ 自分の職責では返答できない場合は、担当の者から改めて返答することを明確に伝える。

　「その件につきましては、営業担当の○○から、改めてお返事いたしますがよろしいでしょうか。」

⑤ 改めて、注文問い合せに対する礼を述べ電話を切る。

　（注文問い合せの電話は、外出中の担当者にすぐ連絡を入れる。）

ワークシート 3-6

■ＡＢＣデザイン(株)の長谷部様から、金沢工業(株)の内田課長に電話がかかってきました。内田課長が①電話中、②席にいない、③外出している場合の電話応対を考えてください。

ワークシート 3-7

■北海道ホテルのフロントに、来週の日曜日に泊まりたいという予約の電話がかかってきました。予約を受ける為に確認することを考えてください。(宿泊料はシングル8000円、ツイン12000円)

ワークシート 3-8

■福岡商事㈱に事務職の求人が出ていることを知ったので、求人内容を問い合わせる電話を考えてください。

Skill 6
社外文書の作成のポイント

　現代は、仕事上の情報伝達をメール等で済ますことが多くなってきた。確かにメールは情報の伝達に便利ではあるが、用件についての気持ちや感情を伝える意味においては、直接会話することや文書による伝達に及ばない。更に、見積書や請求書の送付、また応募書類の送付など正確さが求められる場合に、受け手側で編集作業のできるメール文書、添付書類は信頼性を欠く場合もある。

　一方でせっかく文書を作成しながら、不備や失礼な用語の使用、言葉足らずで形式的な作成、送付になり、文書が本来持つ情報伝達機能や儀礼の役割を十分果たしていない場合も散見される。本章では、社外文書作成の基本を確認し、正確な情報伝達を行うだけでなく、相手に対する感謝や謝罪の気持ちを的確に伝える為の文書作成のポイントを考える。

1．社外文書作成の基本形式

　お客様や関係先に文書を送る場合には、一定の形式を踏まえて作成すると受け手も内容や用件の把握が容易にでき、効率的である。ここでは（a）問い合せのあった製品について見積書を送る場合と（b）採用試験を受ける企業に応募書類を送付する場合を例として、社外文書作成のポイントを考える。

① 発信年月日は、送付する日付を記入する。西暦を使用するか、元号を使用するかは組織内で統一する。

② 受信者名と発信者名は基本的に同格、または発信者が上位になる。ただしお礼状や応募書類送付状は個人名で出すことが可能である。受信者名・発信者名とも所属先名、職名、個人名、敬称の記入が基本となる。受信者名が不明の場合、「ご担当者様」と記入するより電話で担当者名を問い合せ

て記入する方が確実に相手に届く。

例：「〇〇株式会社　総務部長　〇〇　〇〇様」

③ 件名は、送付文書の内容、目的を的確に表すものをつける

例：「応募書類の送付について」

④ 「拝啓」「謹啓」といった頭語を用いて文書を述べ始め、季節の挨拶や相手先の繁栄への祝意、日ごろのお付き合いに対する感謝を述べる。

例：「拝啓　陽春の候、貴社ますますご隆盛のこととお喜び申し上げます。」

　　「拝啓　爽秋の候、貴院ますますご清栄のこととお慶び申し上げます。」

⑤ 「さて」で文を始め、この文書を送る目的について記す。過去のかかわりから書き起こし、現状を述べると書きやすい。

例：「さて、先日新製品のDMをお送りいたしましたところ、早速にお問い合せのお電話をいただきましてありがとうございます。御社のご要望にかなう製品を部内で検討いたしまして……」

図3-4　社外文書の形式

```
                                          ①発信年月日
②受信者名
                                          ③発信者名
                        ④件名
⑤頭語      ⑥前文……………………………………・
   さて、………・⑧主文…………………………………・
……………………・
   つきましては、……………………………………
   まずは、…・     ⑨末文……………………………・
                                          ⑩結語
                        ⑪記
                    1. …………………・・
                    2. …………………・・
               添付資料
                    1. …………………・・
                                          以上
                                          ⑫担当者名
```

出所：筆者作成

第3部 コミュニケーションスキル実践編　135

例：「さて、先日企業訪問をさせていただきました折には、長時間にわたりご説明くださいましてありがとうございました。先輩社員の方のお話から大変ではありますがやりがいの大きい仕事であると理解いたしました。」

⑥ 「つきましては」で、この文書の目的である何をどのようにしてほしいか記す。記書きのある場合には「下記のように」で示す。

例：「つきましては、下記のように製品A213およびB576のカタログ並びに、見積書を同封させていただきますので、ご検討くださいますようお願いいたします。」

例：「つきましては、ぜひ御社の採用試験を受験いたしたく、下記のように応募書類を同封いたしましたのでご査収くださいますようお願いいたします。」

⑦ この文書を送付する目的を再度繰り返し、依頼、感謝等の言葉で結ぶ。

図 3-5 書類送付状の例

令和○年○月○日

株式会社ジャパンシステム
総務部長　本田圭介様

○○大学総合経営学部
長友　祐未

内定承諾書他の送付について

拝啓　　○○の候、貴社ますますご隆盛のことと、お喜びいたします。
　さて、先日は御社の最終面接を受けさせていただきまして、ありがとうございました。緊張しうまく話せない点もあり心配いたしておりましたところ、昨日、香川課長様より内定とのお電話をいただきました。安堵いたしましたとともに、第一志望の御社に内定いただき心より感謝いたしております。
　家族にも連絡いたしましたところ、喜ぶとともに御社にご迷惑をおかけすることのないよう、早く仕事ができるようになりなさいと励まされ、改めて気を引き締めた次第です。
　つきましては、下記のように押印済みの内定承諾書並びに健康診断書を同封いたしますのでご査収くださいませ。
　まずは、取り急ぎお礼かたがた書類送付のご案内を申し上げます。

敬具

記

同封物	1．内定承諾書	1通
	2．健康診断書	1通

以上

出所：筆者作成

例：「まずは取り急ぎ、○○書の送付のご案内を申し上げます。」

⑧ 「頭語」に対応した「結語」で結ぶ。

⑨ 文書は基本的に1枚に収める。日時、会場、同封物等は、本文に記載せず「記」としてまとめ「以上」で締めくくる。

⑩ 連絡担当者と連絡先を記入する。

2. お礼状やお詫び状の作成

お礼状やお詫び状は、感謝の気持ちや謝罪の気持ちを表す文書になるので、できるだけ迅速に届けることが必要になる。文書の送付だけでなく、まずお電話を差し上げ、その上で書状を送るようにすることで、こちらの気持ちがより深く相手に届くと思われる。

特にお詫状を作成する場合には、こちらの落ち度を認め、文言に細心の気を配り、相手を傷つけない心配りが求められる。

図3-6 わび状の例

```
                                            令和○年○月○日
株式会社ジャパンシステム
総務部長　本田圭介様

                                       ○○大学総合経営学部
                                              長友　祐未


　この度はせっかくご内定くださいましたにもかかわらず、ご辞退申し上げましたこと
心よりお詫び申し上げます。
　御社にご内定いただきました当初は、希望しておりました業界への内定で大変うれし
く思っておりましたが、私の心の中に他の方々と同じように御社の仕事を頑張っていけ
るのか、迷いが生じました。そのためにご辞退の決断が遅くなり、更にご迷惑をおかけ
する結果となってしまい申し訳ございませんでした。
　今回のことを深く反省いたし、今後は自己の行動に責任を持ち、周囲の方々にご迷惑
をおかけしない社会人として成長したいと思っております。
　末筆ながら、貴社のますますのご発展を祈念いたし、書中にて略儀ながら心よりお詫
び申し上げます。
                                                    草々
```

出所：筆者作成

図 3-7 封書の表書きの例

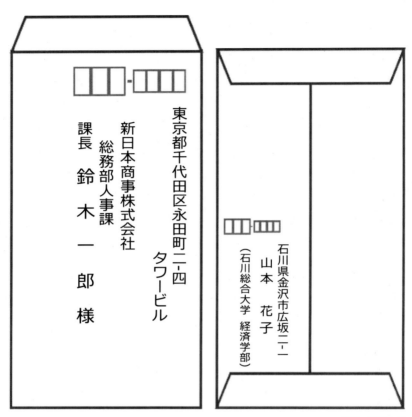

出所：筆者作成

ワークシート 3-9

■ 採用試験に応募する（新製品のコピー機の問合せをいただいた）新日本海商事㈱総務課の鈴木一朗課長あてに履歴書・成績証明書・健康診断書（カタログと見積書）を送る手紙を作成してください。

Skill 7

報告のポイントと報告書の作成

　仕事は報告をしてはじめて終了したことになる。しかしながらたらたらと要領を得ない報告であったり、必要な報告が行われずトラブルが発生する場合も多い。上司は多くの部下を管理している。本来であれば部下一人ひとりの仕事を現場で把握している必要があるが、難しい面もある。そこで部下からの報告により、状況を把握し理解することになる。管理する部下の人数が多いほど、確認し把握する必要のある報告は数が多くなる。上位者への報告は、口頭であっても、文書であっても必要なことがすぐにわかる、緊急性や重要性がすぐに伝わるようにするべきであり、報告に基づき的確な判断が下せるようなものが望ましい。本章では、口頭による報告と文書による報告について、いつ、何を、どのように報告すれば良いのか、そのポイントを理解する。

１．口頭による報告のポイント

　口頭による報告は、基本的に簡単なもの、短時間で済むものにする。複雑な内容、重要な内容はメールの活用も含めて文書にすることが基本である。上司は多忙な日常を送っているので、口頭報告の場合は、報告するタイミングを選びたい。急ぎの報告でない限り、休日明けや会議、来客、外出の前、出張から戻ってすぐの時間は避けてほしい。長くなる報告の場合は、前もって時間をいただく予約をしておくと確実に報告の時間が取れる。報告は結論から先に伝えるのが原則であり、数字や固有名詞が入る場合は、メモを渡すなどの配慮が求められる。

　基本的な報告の流れは以下のようになる。

　① 報告をすることの許可を得る

「○○の報告をしたいのですが、今よろしいですか」

② 報告事項が何件あるのか伝える

③ 結論から先に伝える

「先月から取り組んでおります○○会社様とのリース契約ですが、ほぼ成立しそうな見込みです。」

④ 詳しい内容を伝える

⑤ 数字が入る場合や複雑な内容は、文書（メモの場合も）にする

「こちらが、当社が提示した見積もりになります」

⑥ 決済や判断を仰ぐ内容を伝え、指示、承認を得る

「他社様の見積もりが、当社より２割ほど低いので、当社にもあと１割ほど金額を下げてほしいと先方の○○部長様がおっしゃっています。5年の契約ですので利益は十分出ると思いますが、よろしいでしょうか。」

⑦ 今後の対処を伝える。

「では、明日早速新しい見積もりを○○会社様にご提示します。契約に至りましたらメールでご連絡いたします。」

⑧ その他伝える必要があることを伝える。

「○○会社様の常務様が、部長と同じ大学のご出身とのことで、よろしくとおっしゃっていました。」

　報告の場合に、苦労した仕事や相手側からの要求が厳しいときなど、ともすると「まったく話が分からず苦労しましたが…」「何回も条件変更を求められ大変でしたが…」等、自分の苦労を理解してもらうことが先に立つ。報告は基本的に事実だけでよい。仕事の苦労は言わずとも、上司は見ているはずである。

　⑥は報告において非常に重要なポイントになる。上司に指示や承認を求める場合、「どうしましょうか」と言われても困るであろう。現場の状況をよく知っているのは担当者である。自分の判断根拠を伝え、その判断でよいかの承認を求められれば、追加の確認をし、Yes,No または保留の判断を下すことができる。上司は報告を受け、担当者の判断を承認する、方向修正をする役割であ

り、担当者ではない。同時に、担当者は自分の推測と事実とを正確に分けて伝えることも必要になる。見積金額を1割下げるかどうかについて、先方からの申し出か担当者の推測かで上司の判断は異なってくる。

　また、面談相手や相手から受けたもてなし、配慮、伝言は、必ず自社の上位者に伝えるようにしたい。何かの席で、上位者が取引先の方にお会いすることもある。特に地方都市では、いろいろなところで人のつながりがあるので、間違いなく伝えるようにしよう。

2．文書による報告のポイント

　職場には、営業日報や出張報告など書面により報告をする必要のある事項が定められていることが多い。報告書の提出が求められていない場合でも、研修参加や会議出席他、内容が多いものについては文書による報告をしたい。

図3-8 【社内文書の基本形式】

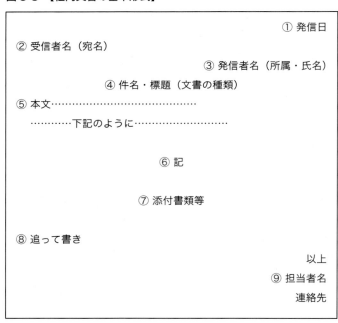

出所：筆者作成

報告書を作成する場合は、図3-8のように社内文書の形式に則して記載する。報告書は、できるだけ速やかに提出したい。そのためにもポイントを押さえ、効率的に作成したい。

・宛名は報告内容により規定されている場合が多く、通常部門長の職名・氏名になる。発信者名は研修参加報告等は個人名になるが、部署として提出、告知するものは上司名になる。

・報告書の内容は、記録として残す事項と結果と効果、今後の見通し及び対策になるであろう。詳細は添付書類をつけ、本文は基本的に1枚に収めるようにする。

・社内文書には、内容を表す件名・標題をつけるのが原則である。件名は「○○について」よりも「○○の参加について」のように、内容を具体的に示すものにする。時には件名の後に「通知」「通達」「照会」等、文書の性格を表す言葉を入れる。

・本文は「下記のように○○に出張しましたので報告します」「標記の件、下記のとおり実施しますので周知徹底ください」のように簡潔に記す。日時、場所、目的等は本文の下に記書きとしてまとめることで見やすくする。

・記書きでは、本文に記さない詳細を、日時、場所、内容、準備物、同封物、添付書類など番号を付し箇条書きで記載する。時間表記は職場で統一したものを使用する。

・追って書きは、本文に追加することを「なお…」と記入するが、できるだけ1用件にとどめる。

・以上で結び、問い合せが考えられる文書には、必ず担当者名と連絡先を入れる。

　図3-9は、研修参加報告書の作成例である。受信者である該当事項の責任者が知りたいことは、研修の詳細な内容ではなく、研修からどのようなことを理解し今後どのように活かしたいと考えているかであろう。トラブルの処理報告や営業報告も、経過だけでなく今後の改善や対処に重点を置き記入してほしい。

第3部 コミュニケーションスキル実践編　143

図 3-9　報告書の作成例

入社前研修参加報告書

令和○年 3 月 15 日

○○株式会社
総務部長　田中一朗様

○○大学○○学部
吉田　祐樹

この度は入社前研修に参加させていただきありがとうございました。下記のように報告いたします。

記

1. 日　時　　3 月 10 日（金）　午後 1 時から 4 時
2. 会　場　　○○商工会館　研修室
3. 主　催　　○○県経営者協会
4. 参加者　　○○市内企業　入社内定者 30 名
5. 研修名　　「新入社員に求められるプロとしての考え方」
6. 講　師　　経営コンサルタント　北野武先生
7. 内　容　　・新入社員に求められる考え方と態度
　　　　　　　・時間意識、コスト意識、顧客意識を持った仕事
　　　　　　　・入社までの準備と自己啓発の必要性　　他（資料別紙添付）
8. 所　感
　　研修に参加して、プロに要求される仕事の厳しさとできるだけ早く学生気分を捨て、企業の一員として顧客のご要望にお応えできる態度・知識を身につける必要性を感じました。（中略）
　　入社まで日もありませんが、今後の方針として①新聞を毎日読む、②英語力を向上させるため通勤時間に英語のＣＤを聞く、③中小企業診断士の受験準備を始めることを実践したいと考えています。一日でも早く御社の戦力になれるよう精進したいと思います。

以上

出所：筆者作成

ワークシート 3-10

■インターンシップや実習、社外で行われる研修に参加した場合の報告書を書いてみよう

Skill 8
メールの活用とメール文書の作成

　多忙な仕事人にとり、メールは大変便利なコミュニケーション・ツールの一つである。ツールである以上、利用主体は人にあるべきだが、ともすればメールに追われ、返信のなさに不安を募らせることもある。儀礼的な文書としては、メールは手紙、ＦＡＸの下位に位置づけられるものであるから、本来簡易に済ませるはずであるが、ときに丁寧な文章でのメールや長文メールを受け取り、返信に戸惑うこともある。その一方で、見覚えのないアドレスから届く件名が記されていないメールは、ウイルス感染を警戒した受信者から削除されてもいたしかたないであろう。

　メールも重要なコミュニケーション手段である。本章では、メール本来の簡便性、効率性を活用し、且つ送信相手に失礼のないメール文書の作成や送り方を考えていく。

１．メール送付の留意点

　メールを受け取ることが多い人の場合、届くメールは１日数百件にも及ぶという。数多くのメールから、受信者が読む必要があるメールかどうか、急ぎの用件か、短時間に選別していく。メールを活用する際に、受信者が読みやすく、わかりやすいメールはどのような書き方をすればよいのであろうか。また、メールを送ることが失礼になる場合はないのであろうか。

　まず、面識のない社会的な地位のある方に、突然メールをお送りすることは失礼にあたるので避けるべきである。上位者の方でも名刺交換を行いメール送付のご了解を得た場合には、差支えない。

　次に、受信者が発信者および用件がすぐわかり対応しやすいメールについて

考えてみよう。

① 件名で用件、発信者が理解できるように記入する。

特に携帯やスマートフォンの
アドレスは発信者が特定しにく
いので、件名に名前を記入する
とわかりやすい。アドレスは、
仕事や就職活動にも使用するこ
とを考えて、登録することをお勧めする。

図3-9　メールの件名の例

件名の例：
　企業説明会参加申込（○○大学　　○○より）
　研修資料受領連絡（○○会社　　○○）

出所：筆者作成

② 受信者名は、手紙文よりも簡易で差支えない。

例：「○○株式会社　総務課○○課長様」「株式会社○○　ご採用担当者様」

③ 初めてメールを送る場合は、所属と氏名を名乗る。

例：「○○大学○○学部4年の○○○○と申します」

④ 挨拶は簡潔にする。

例：「いつもお世話になっております」

　　「突然メールを差し上げ失礼します」

⑤ 本文は簡潔に記し、会議案内など保存、回覧の必要があるものは添付ファイルをつける。1行を長くせず、適度に行換えすると同時に、内容の区切りで行間をあけ、読みやすくする。

例：「添付のように第3回○○研究会を開催しますので、ご案内します。多数ご参加ください。」

⑥ 返信が必要な場合には、丁寧に依頼する。

例：「恐れ入りますが、ご都合を○日までにご連絡いただけますでしょうか。」

⑦ 連絡先、メールアドレスを記した署名を付する。

メールは、相手が閲覧したかどうか不明であるから、重要な連絡、急ぎ閲覧してほしいことは電話を併用する。目上の方に開封確認をつけたメールを出すことは失礼になるので気をつけたい。また、「至急」や「！」の乱用も控えたい。

2．メール返信の留意点

　メールを受け取った場合には、できるだけ速やかに返信したい。用件に対する返答、調査に時間がかかる場合には、受け取ったことと改めて返答することを連絡すれば良い。

① 「Ｒｅ」を多用しない。

　「訪問日時連絡」の件名で受け取ったメールには、そのまま返信せず「来訪日時了解（○○より）」、「○○資料送付連絡」のメールには「○○資料受領　お礼（○○）」と返したい。

② メール受領のお礼を述べる。

　例：「いつもお世話になっております。○○連絡のメールありがとうございます。」

③ 日程調整依頼のメールには、複数日程て依頼すれば効率が良い。

　例：「打合せ日時ですが、第１希望…第２希望…第３希望…となります。」

　メールは万能ではなく、時に届かないというトラブルも発生する。返信がない場合には、電話等での確認も必要になる。返信ミスを防ぐため、重要なメールは自分宛にも返信すると添付書類のつけ忘れ等にもすぐに対処できる。

図 3-10　連絡メールの例

```
【件名】一次選考合格通知　お礼（○○大学　○○）
【本文】
　○○株式会社総務課　○○課長様

　○○大学　○○学部　○○です
　この度は貴社採用試験、第一次選考に合格とのご通知をいただき
ありがとうございます。

ご連絡いただきました、面接試験の日時了解しました。
○月○日（○）○時に御社本社会議室に間違いなくお伺いします

ぜひご採用いただけますよう力を尽くす所存ですので
宜しくお願いいたします

署名：○○大学　○○学部　○○○○
　　　　　メールアドレス、電話番号
```

出所：筆者作成

ワークシート 3-11

■○○会社総務課（製品企画課）の○○主任宛に３週間前に申し込んだ、○月○日の企業
説明会（新製品説明会）に参加する旨の確認メールを作成してください。

［件名］

［本文］

ワークシート 2-7

■取引先の（大学のサークルOBである）○○会社総務課（製品企画課）の○○主任宛に訪
問予約（OB訪問依頼）のメールを作成してください。

［件名］

［本文］

第３部 コミュニケーションスキル実践編　149

Skill 9

来客応対のマナー

　企業はいろいろな製品・商品をお客様に提供している。目に見える商品の場合もあれば、形の見えない情報やサービスを提供する場合もあるが、お客さまに支えられていることに違いはない。ところがどのように優れた技術を持つ製品やサービスを提供していても、来客に対する応対が悪かったり、訪問した職場の雰囲気が暗かったりすると、お客様の信頼が低下しかねない。反対に応対の良い企業、雰囲気の良い職場は、より大きな信頼をお客様から受け取ることになる。どのようなお客様に接するときも、自分が会社を代表していると考え、「ようこそいらっしゃいました」「ありがとうございます」という歓迎や感謝の気持ちを持つことが大切になる。

　お客様に対する感謝の気持ちを示すためには、事務職や営業職にかかわらず、一人一人が来客応対の基本的なマナーを身につけお客様を歓迎する応対が求められる。

1．接客基本用語の習得

　まず、来客応対・接客の場でよく使われる挨拶言葉を覚えよう。挨拶言葉はお客様を見て先に言い、それぞれの挨拶言葉に適したお辞儀を後からつけるようにする。もちろん笑顔をつけることを忘れない。

　来客応対や接客の場でよく使われる接客用語には表 3-5 のようなものがある。お客様との会話では、「恐れ入りますが」「失礼ですが」といった気配り言葉を入れることで、依頼の気持ちを表す場合が多い。

150

表 3-4【接客 7 大用語】

挨拶言葉	使用する場面	お辞儀
①いらっしゃいませ	来客を迎えるとき・来客に気づいたとき	普通礼・会釈
②かしこまりました	ご用件を伺ったとき	会釈
③少々お待ちくださいませ	お客様をお待たせするとき	会釈
④お待たせいたしました	戻ったとき・お待たせしたとき	普通礼・会釈
⑤ありがとうございました	来店・来社に対する礼をいうとき お買い上げいただいたとき	敬礼・普通礼
⑥申し訳ございません	お詫びするとき	敬礼
⑦失礼いたします	お客さまに話しかけるとき・軽く詫びるとき 入退室のとき・席に着くとき	会釈

出所：筆者作成

表 3-5 【接客基本用語】

使用する場面	接客用語
①お名前を聞くとき	失礼ですが、どちら様でしょうか
②用件を聞くとき	恐れ入りますが、どのようなご用件でしょうか お差支えなければ、ご用件をお伺いできますか
③聞き返すとき	恐れ入りますが、もう一度お願いいたします
④相手の意向を聞くとき	～でいかがでしょうか
⑤相手の確認を得るとき	～でよろしいでしょうか
⑥依頼するとき	宜しくお願いいたします・よろしくご配慮願います
⑦肯定するとき	かしこまりました・承知しました
⑧代わって用件を聞くとき	よろしければ代わりにご用件を承りましょうか
⑨断るとき	いたしかねます（が）・できかねます（が）
⑩ねぎらうとき	お疲れ様でした

出所：筆者作成

2．来客応対の基本的な流れ

（1）来訪を聞いているお客様の場合

　アポイントメントを取り約束通りの時間に伺った場合、「○○様ですね、お待ちいたしておりました。」と受付担当者に迎えられると、非常に安心する。

守衛所のある場合も、来訪者の連絡が届いており、すぐに対応してくださる場合はその企業の印象が良くなる。面会の予約を受けた担当者は、受付部署に連絡しておくとともに、面談場所の確保も行いたい。

① お客様がお見えになったらすぐに立ち、「いらっしゃいませ」と挨拶する。
② 名刺を出されたら、両手で受けご所属とお名前を復唱し、「お待ちいたしておりました」と挨拶する。
③ 受付カウンターなどから出て、案内先を告げ案内する。
　「応接室にご案内します。こちらでございます。」
④ 応接室にお客様をご案内した後で、名刺を持ち面談者のところに行く。
　「○○会社の○○様がお越しになりましたので、応接室にご案内しました。」

(2) 名指し人が不在の場合

　せっかくお客様が来訪されたが、名指し人が不在の場合は不在理由を告げ、丁寧にお詫びする。その後こちら側の対処を提案し、お客様のご意向を伺う。

　特にお約束があり、名指し人が戻っていない場合はお詫びし、お客様のご意向を伺い丁寧に対処する。

① 名指し人が不在であることを告げ、お詫びする。
　「せっかくお越しくださいましたが、あいにく○○は外出いたしております。」
② 名指し人が戻る予定の時間や、お客様の訪問目的により次のように提案する。
　「間もなく戻ると思いますのでお待ちくださいますか」
　「お差支えなければ、代わりのものがご用件をお伺いいたしましょうか」
　「外出先に連絡を取ってみますので、お待ちいただけますか」

(3) 予約はなくご用件をおっしゃった場合

　この場合は、お客様がおっしゃった用件を担当する部署に速やかに取り次ぐ。ご用件の担当部署とは違ったところに来られた場合も、最初のところで受け付

けご案内する。

① 名刺を出されたら、両手で受けご所属・お名前とご用件を確認する。

「○○会社の、○○様ですね。…のご用件ですね、少々お待ちくださいませ。」

② 担当部署の責任者のところに連絡し、指示を仰ぐ。このとき来客には担当者の氏名や在席が分からないようにする。

③ 面会を断る場合は、居留守を使わず毅然として、ただし言葉は丁寧にお断りをする。

「申し訳ございません、そういったご用件ではどなたともお会いしないと申しております。」

3. 案内と席のお勧め

初めての来訪されるお客様は緊張しています。できるだけ声をかけお客様の緊張をほぐしましょう。

① お客様の斜め前に立ち、案内先を告げる。お客様の斜め前を歩き、ご案内する。

② 階段は上りも下りも「失礼します」で案内者が先に立つ。

エレベーターは先乗り、後降りで「失礼します」で乗り込み、ボタンを押す。

③ 応接室についたらこちらでございますと確認しドアをノックする。

外開きのドアは、ドアを引きお客様を先に、内開きのドアは、「失礼します」で自分が先に入り、中でドアを押さえお客様に先に入室していただく。

④ 入口から遠い上座の席（図 3-10、①②または①②③）をお勧めする。

「どうぞ奥の席におかけください」

⑤ お茶を出すときも、お客様の上席者からお出しする（図 3-10、①②または①②③の順）。

図 3-10　応接室の席次

出所：筆者作成

5．来客中の急用の取次

　お客様と面談中または会議中のお客様や自社社員への伝言は、応接室に同席しているお客様や他の社員の迷惑にならないよう、取り次ぐ気配りが求められる。

① お客様宛に、お客様の会社からの急ぎの電話や伝言が入った場合。
　⇒「失礼します」で入室し、同席している自社社員に伝え、その社員からお客様に伝えてもらう。

② 自社社員への急な電話や用件が入り、来客中と断ったが取り次いでほしいと依頼された場合。
　⇒用件をメモした紙を二つ折りにし持っていく。「失礼します」で入室し、用件を伝える方の近くに行き、「こちらお願いします」とテーブル下の位置で渡す。1歩下がって待ち、指示がない場合には退出して廊下で自社社員が出てくるのを待ち指示を受ける。

ワークシート 3-13

■お客様が約束のお時間にいらっしゃいましたが、面談者の○○課長がまだ外出先から戻っていないときの対応(応対の言葉と対処)を考えてください。

ワークシート 3-14

■お客様が約束のお時間にいらっしゃいましたが、面談者の○○課長はまだ前の来客が長引いている。お客様への対応(応対の言葉と対処)を考えてください。

ワークシート 3-15

■約束のないお客様を取り次いだところ、会いたくないので断るように言われた。お客様への対応(応対の言葉と対処)を考えてください。

Skill 10

訪問のマナーと商談の進め方

　何かの用事があり他社を訪問する場合、就職活動の中で企業を訪問する場合、自分自身を相手がどのように評価するかにより、商談や就職活動の流れに影響を与えかねない。身だしなみを整えるとともに、アポイントメントの取り方や応接室での席次、名刺交換の方法など基本的な訪問マナーは身につけておきたい。同時に訪問は、相手の貴重な時間を割いていただくことになるので、二度手間、三度手間にならないよう、順序立てて話を進め、合意事項や先方の意向を確認し、その後の方向確認をしっかりと行うことで有意義な訪問を成し遂げたい。

1．訪問の準備とアポイントメント

　訪問の前に電話、またはメールでアポイントメント（訪問予約）を取ることが必要である。予約のない訪問は、面会を断られる確率も高く、お会いくださる場合にも相手側に迷惑をかけることになる。アポイントメントを取る場合には、「どのような用件で」「どなたと」「いつ頃」「どのくらいの時間」面会したいのかを告げ、相手のご都合を尋ねる。紹介者がある場合には、所属と氏名を名乗り最初の挨拶をした後で、紹介者の名を伝え紹介により電話したことを伝える。面会希望日程は、面会者の都合を考え1～2週間の幅を持たせて日程を伝えるか、こちらの希望を第1から第3ぐらいまで伝え、選択してもらう。メールでアポイントメントを取った場合は、伝言でもよいので訪問前に電話で確認をする。その際に訪問者数を伝えておくと、先方の準備がしやすい。企業説明会に参加する学生の場合も同じである。メールで参加申し込みをしても、電話を1本かけることで、企業側の印象は格段に良くなる。

訪問日程が決まったら、①訪問先の情報収集、②これまでの取引状況を確認、③訪問先への交通経路、最寄りの交通機関、地図による場所確認を行う。特に以前に取引があり、中止になった場合はこちらの落ち度の有無も含めて理由を調べておく必要がある。企業説明会の参加や採用試験を受ける場合には、理由のいかんにかかわらず遅刻は許されないので、事前に下見をする程度の準備をして臨みたい。

　訪問先の情報はプリントアウトしてファイルするだけでなく、先方の電話番号、メール、担当者名はスマートフォンや携帯への保存だけに頼らず、手帳等にメモをしておきたい。

2．訪問の基本的流れ

　この節では、訪問の基本的なマナーと流れを理解しよう。

（1）到着と受付での対応

① 約束時間の5～10分前には到着する。

② 建物に入る前に、コート・マフラー等は取り上着のボタンを留める等、身だしなみを確認する。

③ 受付で名刺を出して名乗り、面談相手の所属・氏名とアポイントメントの時間を告げ、取り次ぎを依頼する。案内があるまで、受付から1歩離れて待つ。（面会簿に記入する場合も多い）

④ 複数で訪問する場合には、上位者の名刺を出し取り次ぎを依頼する。

⑤ 案内を告げられたら、軽く一礼して従う。途中他の社員とすれ違うときには、会釈する。

（2）応接室での対応

① 応接室に通されたら、指示された席に座って待つ。席を指定されなかった場合には、入り口に近い下座の席（図3-11、④の席）に座って待つ。（企業訪問の場合、学生さんの席は下座になる）

第3部│コミュニケーションスキル実践編　157

② 面談者が、入室されたらすぐに立ち、初対面の場合は名刺交換をする。
③ お世話になっていること、本日の面談の礼を含めて挨拶をする。
（同伴者は、上位者の挨拶に追従する。）
④ 席を勧められてから、「失礼します」と着席する。
⑤ お茶等も基本的には勧められてからいただく。
⑥ 雰囲気作りのさりげない話題から入り、訪問目的を切り出す。
⑦ 面談の内容を確認し、次回の訪問予定や面談後のスケジュールを確認する。
⑧ 立ち上がり、訪問の礼、もてなしの礼を述べ辞去の挨拶をする。
⑨ ドア外で改めて礼を言い（見送りは辞退する）、失礼する。
⑩ 受付にも礼を述べ、退出する。（電話メール等の対応は訪問先の敷地外で行う）

図3-11　訪問時の席次

出所：筆者作成

3．名刺交換の注意

　新入社員から、うまく名刺を出せないという悩みをよく聞く。ここでは名刺交換のポイントを理解し失礼のない名刺の渡し方を身につけよう。

① 名刺はすぐに出せるように準備をしておく。（専用の名刺入れを用意する）
② 面談相手が入室したら立ち上がり、テーブルのわきに出て相手に名刺の正面を向け、訪問側から会社名と氏名を名乗り、挨拶して渡す。
「私、○○会社の○○と申します。よろしくお願いします。」

③ 胸の高さで、自分の名刺の上にできるだけ両手で受け取り、復唱する。

　「○○会社の○○様ですね。」

④ 右手で、受け取った相手の名刺の下から自分の名刺を出し、片手で名乗りながら渡す。

　「私、○○会社の○○と申します。よろしくお願いします。」

⑤ 両手で受け取り、復唱する。

⑥ 着席したら、相手の名刺は席順にテーブルの上に置き話を進める。

⑦ 辞去の前に、名刺入れにしまう。

⑧ 名刺を切らしている場合はそのことを伝え、相手の名刺だけ受け取る。次回会う機会があればその時に渡す。

【複数での名刺交換】

　・訪問側の上位者が、応対側の上位者に渡す。

　・受け取った応対側の上位者が返す。

　・訪問側の上位者が、応対側の次席者に渡す。

　・受け取った応対側の次席者が返す。

　・訪問側の上位者が、応対側の担当者に渡す。

　・受け取った応対側の担当者が返す。

　・訪問側の次席者が、応対側の次席者に渡す。

図 3-12　複数での名刺交換

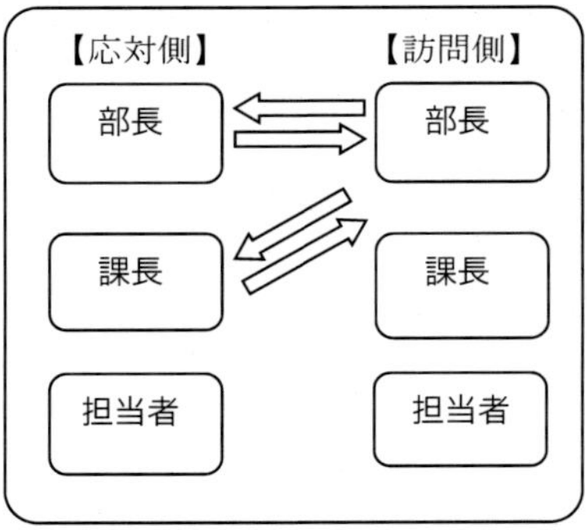

出所：筆者作成

この流れを繰り返していくが、2巡目からは社名ではなく、部署名と氏名を名乗る。

4.　訪問後の対応

　初めての訪問の場合、社に戻り上司に報告した後に、お礼のメール等を出す。

第 3 部｜コミュニケーションスキル実践編　159

初回の面会を今後のお付き合いに生かせるかどうかは、訪問後の対応にかかっている。営業の場合、見込みの薄い商談であっても、その後の情報提供等を続けることで、相手の印象に残り声をかけていただく機会が生まれることもある。

　学生がOB・OG訪問をした場合には、キャリアセンター等の就職支援部署に報告するとともに、面談の時間を割いてくれたOB・OGに必ず礼状、またはメールを出すようにしよう。礼状には、訪問の礼とともに今回のOB・OG訪問を今後の就職活動にどのように生かすつもりかを書き添える。その後、OB・OGの在席する企業の採用試験を受ける場合、また他社に内定した場合にも必ずOB・OGに連絡することは当然である。

　多くの人脈を持つビジネスマンは、最初から広い交友を持っているわけではなく一回一回の出会いをその後につなげていくことがうまい。訪問することは、相手の貴重な時間をいただくことである。一期一会という言葉があるが、人との出会いはいつか何かで役に立つと考え大切にしてほしい。

ワークシート 3-16

■キャリアセンター（取引先のＢ者様）に紹介され、Ａ広告企画会社、企画課に勤務する鈴木一朗様にＯＢ訪問（新製品のご紹介の訪問）をお願いする電話の応対を考えましょう。

ワークシート 2-17

■Ａ広告企画会社、企画課に勤務する鈴木一朗様にＯＢ訪問（新製品のご紹介の訪問）のお礼メールを作成してください。

おわりに

　現在の高校生や大学生、すでに職に就いている企業の若手社員が、30年後、それぞれの保護者の年代になるとき、日本はどのようになっているのであろうか。人口ピラミッドで考えると、今人口の多いベビーブーム世代は、95歳位になるのですでに他界する人が多く、第2次ベビーブーム世代も70歳を超えている。その後は少子化で人口が減少しているので、日本の人口構造は逆三角形になる。労働力人口が減少し、高齢化はますます進む。労働力人口の減少を補うためだけではないが、テクノロジーが進歩しIT化が進み人工知能の開発進み、今人間が担当している仕事のかなりの部分が機械化されるであろう。例えば、印刷業において活躍していた製版技術者は、コンピュータの技術に変わった例などを考えるとわかる。今の小学生が大人になるころ、現在ある職業の6割位が存在しないのではないかという予測もあるぐらいだ。

　その様な予測の下にキャリア形成を考えるとき、機械には置き換えられない、最後まで人間が担当する仕事はどのようなものなのか。これからの時代を生き抜くために、必要なことはどのようなことなのであろうか。筆者が授業を担当している福井県立大学のキャリアデザインの授業には、多くの特別講師を招聘し働く現場の理解を促進している。いろいろな業種の企業の経営者、管理職の方たちである。特別講師の多くも、若者の将来に「今のままでは日本は生き残れない」「君たちが企業で活躍するころ職場や社会は大きく変わる」と警鐘を鳴らしている。

　慶応大学の高橋俊介はその著『21世紀のキャリアデザイン』の中で、企業の中の仕事は職務や専門性がますます細分化されてくると述べている。同時に環境も含め変化のスピードがより速くなってくるとも予測している。細分化された専門性だけに依存することは、環境が変化した場合にリスクとなりうる。

これからの時代に求められる働き方の一つは、社会や環境の変化に強いことではないか。そのためには、細分化された専門性の中にある仕事を行うための普遍性をしっかり身に付けることが必要だと思われる。もう一つは、高橋も指摘しているように、自分のキャリア形成を組織だけにゆだねず、自分で切り開くという覚悟を持つことであると考える。

次に、機械には置き換えられない、最後まで人間が担当する仕事はどのようなものかを考えてみたい。筆者が思いつくものは人に関わる仕事である。単なる接客、販売・営業の仕事ではない。接客、販売、簡単な営業の仕事は、インターネットを利用した購入が増加することで職が減少することが予想される。高額商品の販売・営業や高級なサービスを提供するなど、高い専門性と高度な接客スキルが必要とされる仕事は自動化が難しい。例えば、ビジネスホテルは自動チェックイン機に置き換えられるが、高級ホテルはコンシェルジェなどのサービスで差別化を図り、高額所得者の顧客ニーズに応えることが求められるなどだ。

さらに、アドバイス、指導、管理をする仕事も機械化は難しいだろう。機械化を導入し、生産性を向上させるためには、企画し、導入し、指導し、管理する人が必要になる。該当業務に対する専門性と機械化、IT化に対する専門性に加え、説明能力、指導技術が求められる。組織の管理業務や経営計画の策定もテクノロジーの進歩では対応できないであろう。機械化により得られたデータを利用し判断・推測するのは人であり、組織を動かすのも人である。

このように考えると、社会が進歩しても人間が担当する仕事には高い対人能力、言い換えればコミュニケーション能力が必要だと予測できる。これは未来の話ではなく、現在も仕事をする上で対人能力、コミュニケーション能力は必要であり、筆者は若い世代のコミュニケーション能力の低下に強い危機感を抱いている一人だ。特に20代、30代に非正規雇用者として何度も転職を重ねてきたために、本来形成されるべき職業キャリアの形成がなされておらず、組織の中での職務遂行やコミュニケーションに問題を抱えるケースが多くなって

いると聞く。非正規雇用者の待遇改善が求められても、正規雇用への転換が進まない理由はこのあたりにもある。本書の執筆は、初職の重要性を理解し、短期的な見方でなく長期的な視野に立ち職業選択、就職先選択を行い、コミュニケーション能力の重要性を理解してキャリア形成を進め、就業を継続してほしいとの願いが契機となっている。

　筆者が担当している福井県立大学の「キャリアデザイン」という授業では、各クラスを合計すると年間20人以上の外部講師を企業から招聘する。また、20社弱の企業見学を設定し、小グループに分かれた学生が企業を訪問する。学生がお話をお聴きするのは2，3人、企業訪問も1社になるが、教員である筆者は多くの企業人の特別講義をお聞きし、多数の企業を訪問し働く現場を見せていただくことができる。それぞれの講師の語る企業現場の体験、人材育成への期待は示唆に富み、重みがある。まさに人から学ぶ機会を得ることの重要性を再確認することになる。

　本書の執筆においても、多くの方のご支援をいただいた。本書は福井県立大学特別研究助成（地域貢献型研究）「教育から職場への若年労働者に対する早期離職防止策に関する整合性の研究」の成果の一つとして出版した。研究を進めるために公開講座「若手社員の仕事力向上講座」を開催し、受講者にアンケート調査を実施しご協力いただいた。大学の教室内で学生と対峙することから離れ、企業で働く若手社員の声を聴くことは改めて気づかされることが多くなる。特に、現在は就業中ではあるが離職を考えたことがある若者が4割にも上ることに、対策を講ずることの必要性を実感した。これから社会に出る学生にキャリア教育を実施する立場としては、企業人の講話や企業見学と共に、職場で働く若手社員の体験や意識を調査することは必要性が高いと認識している。今回研究助成に認定いただき、自由に研究を進めることができたことに感謝したい。本著が教育の場のみならず、企業の方にもお役にたつことがあれば幸いである。

キャリア教育を担当する教員は、おそらく筆者だけでなく雑務に振り回される時間が多い。企業見学、外部講師、就職相談、苦情対応等々である。さらに地域からの講演・研修依頼も多く、本学に着任して4年で120件を超える依頼に応えてきた。それだけキャリアの分野へのニーズが高くなってきたのであろうと解釈している。自分の仕事の要領の悪さも相まって、本書の原稿執筆はほとんど土・日・祝日の出勤で対応した。その分家族に迷惑をかけてしまうが、前著に引き続き感謝とお詫びの言葉で許してほしいと願うのみである。

　最後に本書の出版を引き受けてくださり、ご指導、ご尽力くださった株式会社三恵社の日比享光氏に、紙面を借りて心よりお礼申し上げたい。

2014年12月24日
　　　　　窓の外に降る雪を眺めながら　福井県立大学研究室にて
　　　　　　　　　　　　　　　　　　　　　　　中　里　弘　穂

中里 弘穂 (なかざと ひろほ)

■ 現　　職　　福井県立大学キャリアセンター　教授。

■ 略　　歴　　東京都出身。お茶の水女子大学文教育学部卒業。福井県立大学大学院
　　　　　　　経済学経営学研究科修了。中央大学大学院総合政策研究科博士後期課程
　　　　　　　単位取得退学。
　　　　　　　キャリアコンサルタントとして企業・団体の教育研修・人材育成を多数担当
　　　　　　　するほか若者の就職支援にも力を注ぐ。愛知産業大学造形学部准教授、
　　　　　　　福井県立大学経済学部准教授を経て、2014年より現職。

■ 著　　書　　『キャリアデザイン支援ハンドブック』（共著）、ナカニシヤ出版、2014年。
　　　　　　　『若者のキャリア形成を考える』（編著）、晃洋書房、2013年。
　　　　　　　『キャリアデザイン・ノート』、福井県立大学、2011年。
　　　　　　　『東アジアと地域経済』（共著）、京都大学学術出版会、2009年。　　他

キャリア形成と
コミュニケーションスキル

2015年3月10日　初版発行
2021年3月20日　第3刷発行

■ 著　　者　　中里　弘穂
■ 発 行 所　　株式会社　三恵社
　　　　　　　〒462-0056 愛知県名古屋市北区中丸町 2-24-1
　　　　　　　TEL 052-915-5211　FAX 052-915-5019
　　　　　　　URL http://www.sankeisha.com

本書を無断で複写・複製することを禁じます。　乱丁・落丁の場合はお取替えいたします。
Ⓒ 2015 Hiroho Nakazato　　ISBN 978-4-86487-340-6